住田正樹・武内 清・永井聖二 監修
子どもしゃかいシリーズ
2

幼児教育の世界

永井聖二・神長美津子 編

学文社

■執筆者■

＊神長美津子	東京成徳大学	（第1章，第6章，第7章1〜3）
湯川嘉津美	上智大学	（第2章）
岩立 京子	東京学芸大学	（第3章）
榎沢 良彦	淑徳大学	（第4章）
青柳 宏	宇都宮大学	（第5章）
＊永井 聖二	東京成徳大学	（第7章4〜5，第10章）
作野 友美	奈良女子大学	（第8章）
天童 睦子	名城大学	（第9章）
藤井 美保	熊本大学	（第11章）
鈴木 正敏	兵庫教育大学	（第12章）

（執筆順／＊は編者）

子ども社会シリーズ
刊行によせて

　今，子どもをどのように理解し，どのように対応していけばよいのか，非常に難しくなっています。子どもが変わったとよく言われますが，では，子どもがどのように変わったのか，そして何故変わったのかと言いますと，まだ何もわかってはおりません。

　子どもが変わったというとき，その変わったという方向は大人から見て是認できるようなものではありません。むしろ子どもの将来，さらには将来の社会を憂えるような芳しからぬ方向です。

　今の子どもの考え方や態度，行動に大人は不安と戸惑いを感じ，ときには狼狽えてさえいます。子どもの態度や言動が大人の理解の域をはるかに越え，そのために子どもを理解できず，確信をもって対処できないのです。

　今の子どもは，かつてとは異なり，家庭・学校・地域を越えたところからの影響を強く受けるようになっています。しかしそれにもかかわらず，子どもの問題の解決や対処となると依然として家庭・学校・地域に任されているところに問題があります。今日では，子どもの問題は，家庭・学校・地域の対応はもちろんのこと，さらに枠を広げて社会で対応するという視点が必要になってきています。

　本シリーズでは，子どもの問題を6つのテーマに分け，それぞれのテーマごとに現代の子どもの問題を分かりやすく解説しています。本シリーズによって親や教師をはじめ，広く市民の方々が子どもの問題への関心をさらに高めていく機会になればと思っています。

　　2010年3月

住田　正樹
武内　　清
永井　聖二

まえがき

　幼児期の教育は，人間形成の基礎を培うものとして重要な意義をもつ。
　かつて「いかに時代が変わろうとも，幼児教育は変わらない」と言われてきたが，はたしてそうだろうか。確かに人間形成の基礎を培うことをめざす幼児教育の本質は変わらない。しかし，子どもを取り巻く環境やその子育てが変化するなかで，現在では幼児の生活世界はいちじるしく変容し，育ちにかかわるさまざまな問題が生じている。たとえば，基本的な生活習慣の自立が遅れている，人とのかかわりが苦手である，自制心や耐性が十分に育っていない，自然体験や運動経験が乏しい等，さまざまな側面から幼児の育ちの問題が指摘されている。
　これまでは，家庭や地域社会には子育て力があることを前提として，幼稚園や保育所での幼児教育が成り立っていたが，その前提が崩れるなかで，改めて幼児教育全体の在り方を見直すことが迫られているという現状にある。これからの時代にも幼児教育の本質が継承され，充実発展していくためには，今，その原点に立ち戻り，幼児教育の在り方を改めて問うことが緊急の課題ではないかと考える。
　本巻は，このような幼児教育の現状と課題を踏まえて，幼児期の発達，遊びと学び，幼児教育のカリキュラム，ジェンダー形成，幼稚園教員の専門性，幼小の連携，育児メディア等々，幼児教育の本質に迫る課題の再検討を試みている。特に編集に当たっては，できるだけ広い立場から幼児教育を再考するとともに，日本における幼児教育の発展の歴史や，海外の幼児教育との比較など，広い視野から「幼児教育の世界」を検証し，次の時代に何をつないでいくかを考えている。幼児教育関係者のみならず，多くの方々が本書を読まれることを切に願うものである。
　2011年2月

第2巻編者　永井　聖二
神長美津子

目　次

第1章　幼児教育の現在，そして未来 ……………………………………………… 1
1　幼児教育の改革の方向　1
2　保育のなかでみる「幼児の育ちの現状」　5
3　これからの幼児教育を考える視点　10

第2章　日本における幼児教育の系譜 ……………………………………………… 14
1　幼稚園の誕生　14
2　幼稚園制度の成立と幼保の二元化　20
3　幼稚園教育の確立　22
4　戦時体制下における幼稚園と託児所　26
5　戦後の幼児教育改革とその後の発展　27

第3章　「人間関係の基礎」を培う幼児教育 ……………………………………… 30
1　はじめに　30
2　人間関係の育ちの問題　31
3　幼児の育ちの異変の原因　34
4　幼児の人間関係の発達にふさわしい幼児教育　37

第4章　「遊び」と「学び」 ………………………………………………………… 43
1　はじめに　43
2　遊びにおける子どものあり方　44
3　体験を通しての学び　46
4　遊びにおける体験　49
5　遊びにおける学び　51

第5章　幼児期から児童期へ・学びをつなぐ …………………………………… 57
1　はじめに：「学びをつなぐ」ための3つの課題　57
2　幼児期に育まれた自発性を児童期において生かす　59
3　幼児期の「遊び・学び」を協同的なものへ　62
4　幼児期における「遊び・学び」をより知的なものへ　65
5　まとめ：ともに3つの課題を追求すること　68

第6章　「小学校との連携」その現状と課題 …………………… 71
　1　これまでの「小学校との連携」　71
　2　「小学校との連携」の現在　74
　3　「芽生え」としての幼児期の教育を問い直す　79
　4　まとめにかえて　82

第7章　幼児教育のカリキュラム …………………………………… 84
　1　環境を通して行う教育　84
　2　幼児の主体性と指導の計画性　85
　3　幼児の視座にたつ指導計画の作成　86
　4　幼稚園のかくれたカリキュラム　90
　5　個性化とかくれたカリキュラム　94

第8章　保育環境におけるジェンダー形成 ………………………… 96
　1　はじめに　96
　2　保育者によるジェンダー形成　97
　3　子ども同士によるジェンダー形成　102
　4　保育環境でジェンダーを理解するということ　107

第9章　育児メディアの変遷 ………………………………………… 110
　1　育児メディアの登場とその背景：1960－70年代　110
　2　妊娠・出産情報誌と「産む私」のヒロイン化：1980年代　113
　3　参加・共感型育児雑誌の興隆：1990年代　115
　4　「子育てする父親」像の構築：90年代から2000年代へ　118

第10章　職業としての幼稚園教員 ………………………………… 124
　1　教育制度の発展と幼稚園教員　124
　2　教師＝専門職論と幼稚園教員　129
　3　「子ども好き」を超えた専門性　134

第11章　幼稚園教師の専門性とその成長 ………………………… 136
　1　低く評価される幼稚園教師の専門性　136
　2　社会や家族の変化と幼児教育・幼稚園教師　138
　3　現代における幼稚園教師の専門性　142
　4　専門性の獲得・向上と幼稚園教師の成長　146

第12章　海外における幼児教育 …………………………………………… 150
　1　諸外国におけるさまざまな取り組み　150
　2　アメリカ型の保育現場　153
　3　イギリスにおけるシュア・スタート・プログラム　162
　4　プロジェクト型の保育現場　164
　5　海外の研究者からみた日本の幼児教育　166

索　引　171

第1章 幼児教育の現在, そして未来

神長 美津子

1 幼児教育の改革の方向

(1) 教育における「不易」と「流行」

　少子高齢化や国際化, 科学技術の進展や高度情報化社会への進展等, 急激な社会変化の流れのなか, 日本の教育は大きな転換期をむかえ, 改めて家庭, 地域社会, 学校の役割が問われ, 現在, 家庭や地域社会の教育力活性化や学校教育の充実に向けた取組等, さまざまな教育改革が進められている。特に幼児期では, 家庭や地域の子育て力の急速な低下に伴い, 「子育ての混迷」と指摘される等, 子育て情報の過多や子育て不安の拡大が問題となり, 保育所や幼稚園等では, 本来の役割に加えて, 地域に住む未就園の子どもをもつ保護者を対象とした子育て支援をすることが新たに求められてきている。2006 (平成18) 年度から設置されるようになってきた認定こども園では, こうした地域の子育て支援が本来の役割のひとつになっている。

　一方, 1947 (昭和22) 年に学校教育法と児童福祉法が制定されて以来六十数年を経過している幼稚園と保育所の二元の保育行政に対して, 幼保一体化が検討されており, 現在幼児教育は制度面でも改革が迫られている。このような時だからこそ, その原点に立ち戻り, 幼児教育において何が大切であるのかを改めて問い, 次の時代に継承すべきことについて, 幼児教育関係者のみならず多くの方々に理解していただきたいと切に願う。

　教育においては, 時代がいかに変化しようとしても変えてはならないこと,

すなわち「不易」があるが，一方に時代が変化するなかで「不易」を守るためには，勇気をもって変えることが必要な「流行」があるといわれている。教育の改革では，「不易」と「流行」を十分に見極めつつ，絶えずそのなかで教育の在り方を問うことが重要であり，それは教育に携わる者の責務であると考える。

　まさに幼児教育は，その「不易」と「流行」を見極める時に直面している。もちろん，それは，頑なにこれまで行ってきたことを守ればよいということではない。時代を超えて受け継ぐべきもの，あるいは守るべきものは守るという姿勢も大事だが，変化しつつあるものを見極めつつ必要であれば勇気をもってその変化に対応していくという「しなやかさ」も必要である。そのためには，何よりも今幼児がおかれている現状を把握し，直面している幼児教育の課題を整理する必要がある。本章では，こうした観点から，現状の把握をしていきたいと考えている。

(2) 幼児教育の改革の方向

　まず，一連の教育改革のなかでの幼児教育関連のものを概観する。
　中央教育審議会答申「子どもを取り巻く環境の変化を踏まえた今後の幼児教育の在り方について―子どもの最善の利益のために幼児教育を考える―」(2005(平成17)年1月)では，こうした幼児教育が直面している課題を整理し，今後の幼児教育が充実していくためになすべきことを提言している。答申では，人間の一生において幼児期は，心情，意欲，態度や基本的な生活習慣など生涯にわたる人間形成の基礎が培われる重要な時期であり，この時期の教育においては生活や遊びといった直接的・具体的な体験を通して，人間として，また社会の一員として，よりよく生きるための基礎づくりが重要であるとしている。
　しかし，現実には，幼児の生活の変容といった幼児を取り巻く環境の変化に伴い，幼児の体験は限られたものとなり，幼児の発達は阻害されたものとなってしまっている。このことについて答申では，たとえば，基本的な生活習慣や態度が身についていない，他者とかかわることが苦手である，自制心や耐性，規範意識が十分に育っていない，運動能力が低下している等の課題をあげ，家

庭や地域の教育力の低下が子どもの育ちの機会を奪っていることや、幼稚園や保育所等の集団保育施設でこれらの現状に対応した幼児教育が必ずしも十分になされていないという厳しい指摘もしている。

答申では、今後の幼児教育の充実の方向として2つの方向を示している。第一は、家庭・地域社会・幼稚園や保育所などの集団保育施設の三者による総合的な幼児教育の推進である。第二は、幼児の生活の連続性及び発達や学びの連続性を踏まえた幼児教育の充実である。この場合の「幼児教育」は、小学校入学前の子どもを対象として、家庭や地域社会、幼稚園や保育所などの集団保育施設で行われるすべての教育を指している。本来、家庭は、愛情ある人間関係を軸とした生活のなかで、人への信頼をはじめとして人間として生きていくために必要なさまざまな習慣や態度を身につけていく場である。また、幼児にとって地域社会は、さまざまな人々との出会いがあり、さまざまな出来事と出会い、より広い世界と出会う場である。地域社会で幼児が出会うものは、必ずしも幼児の発達にプラスに働くものだけではないが、地域社会では、幼児はこれまでの家庭生活では体験できなかったさまざまな体験をすることができる。さらに、同年代の子どもと過ごす幼稚園や保育所等の集団保育施設は、幼児の家庭での成長を受けて保育者に支えられて生活をしながら、さまざまな集団活動を通して家庭では体験できない社会、文化、自然などに触れ、幼児期なりの「豊かさ」に出会う場である。

答申の第一の視点は、家庭、地域社会、幼稚園や保育所などで行われる幼児教育のすべてが重要な意味をもち、それぞれの有する教育機能を発揮しバランスを保ちながら、幼児の自立に向けての役割が果たせるような体制づくりを求めるものである。すなわち、家庭、地域社会、幼稚園や保育所等の三者の連携協力による幼児教育の充実を考えることである。

答申の第二の視点は、幼児の成長とともに家庭生活から幼稚園や保育所等の集団保育施設での生活、さらに小学校での生活や学習へという、幼児の生活、発達や学びの連続性を踏まえて、幼児教育の充実を考えることである。幼稚園や保育所等での幼児教育を考えていく際には、家庭での生活の変化や幼児の育ちを受けて、幼稚園や保育所等での保育をいかに展開していくか、さらに幼稚

園や保育所等での幼児教育の成果をいかに小学校教育につなげて，小学校において実り多い生活や学習を展開していくかが課題となる。

(3) 幼児教育の充実に向けての法律改正

　前述の中教審答申後，2006（平成18）年12月に教育基本法が改正され，その第11条に「幼児期の教育は，生涯にわたる人格形成の基礎を培う重要なものであることにかんがみ，国及び地方公共団体は，幼児の健やかな成長に資する良好な環境の整備その他適当な方法によって，その振興に努めなければならない。」と，幼児教育の充実の視点が新たに示された。教育基本法で示す「幼児期の教育」は，幼稚園や保育所等の集団施設での幼児教育はもちろんのこと，家庭，地域社会での幼児教育のすべてを指す。これまでの教育基本法には，幼児期の教育に関する記述はなかったが，今回初めて示されるようになった背景には，家庭や地域の子育て力が低下するなかで，この時期の教育を社会全体で考えることが必要になってきたことがある。

　教育基本法改正後，2007（平成19）年6月，学校教育法が改正され，幼稚園の目的や目標が改められ，学校教育のスタートとして幼稚園の位置づけが明確になった。同時に，幼稚園における教育課程外の教育活動としてのいわゆる「預かり保育」の充実や，地域の子育て支援への取組みの必要も新たに示された。学校教育法第22条に示された幼稚園の目的は以下の通りである。

> 第22条　幼稚園は，義務教育及びその後の教育の基礎を培うものとして，幼児を保育し，幼児の健やかな成長のために適当な環境を与えて，その心身の発達を助長することを目的とする。

　幼稚園の目的では，今回「義務教育及びその後の教育の基礎を培うものとして」の記述が新たに加わった。これは，幼児期にふさわしい教育と義務教育およびその後の教育の基礎を培う教育とを単に並列させているのではなく，幼児期の特性を踏まえたふさわしい教育を行うことが，義務教育およびその後の教育の基礎につながるようにすることを意味している。まさに，幼児教育から小学校教育への連続性や一貫性を図ることを求めている。

　また，学校教育法第24条では幼稚園における子育て支援の実施，第25条では，「その他の保育内容について文部科学大臣が定める」とし，いわゆる「預かり保育」の保育内容についての規定がされている。これらは，幼稚園機能の拡大を裏づけるものであり，以下の通りである。

　第24条　幼稚園においては，第22条に規定する目的を実現するために教育を行うほか，幼児期の教育に関する各般の問題につき，保護者及び地域住民その他の関係者からの相談に応じ，必要な情報の提供及び助言を行うなど，家庭及び地域における幼児期の教育の支援に努めるものとする。
　第25条　幼稚園の教育課程その他の保育内容に関する事項は，第22条及び第23条の規定に従い，文部科学大臣が定める。

　なお，学校教育法改正を受けて，2008（平成20）年3月に幼稚園教育要領が改訂され，これらの趣旨がより具体的に示された。保育所においても，2008（平成20）年3月に保育所保育指針が改定された。今回の改定では，保育所の役割を踏まえるとともに，幼児教育関連では保育課程編成や小学校との連携等が主な改善の内容としてあげられる。

　2006（平成18）年12月の教育基本法改正以降は，学校教育法にもとづく幼稚園と児童福祉法にもとづく保育所は，本来の目的は教育と福祉とそれぞれに異なるが，幼児教育の充実に関連しては同じような役割をもつ施設として改革が進められてきた。この改革と連動して，幼稚園や保育所の機能を併せもつ「認定こども園」が設置されるようになり，さらにその延長線上に現在進められている幼保一体化の動きがある。また，一連の幼児教育に係る法律改正のなかで明確になったことは，幼稚園や保育所等で行われる幼児教育は学校教育のスタートとして位置づけられるということである。

2　保育のなかでみる「幼児の育ちの現状」

(1) 失われた育ちの機会

　幼児期になると，家庭を中心とした生活から徐々に生活範囲を広げ，幼児は

さまざまな人々と出会い，さまざまな出来事を通して新たな世界を知っていく。すなわち，幼児は，さまざまな人やものとの関わりを深めることにより，自らの世界を広げていくので，幼稚園や保育所等で行われる幼児教育では，人間関係を深めつつ，幼児なりの「世界の豊かさ」に出会わせていくことが重要となる。しかし，現実は，前述の中教審で報告しているように，少子化や都市化，情報化といった幼児を取り巻く環境の急激な変化により，幼児の人やものとの豊かな関わりをもつ機会が奪われ，幼児の育ちに弊害をもたらしている。たとえば，かつて，多くの幼児が，幼稚園や保育所の入園前に，家庭や地域社会の生活のなかで，兄弟姉妹や同年代の子どもと一緒に遊ぶことができ，知らず知らずのうちに友達と一緒に遊ぶ楽しさや，またそのためには我慢をしなければならないこともあることを幼児なりに学んでいた。しかし，最近では，入園して初めて同年代の幼児とかかわるため，親子とも集団で営む生活に過度な不安を抱いたり，あまりにも自己主張が強いため友達との関わりがなかなかつくれなかったりする幼児の姿が目立っている。

　また，たとえば運動能力については，高層マンションに住み戸外に出る機会が限られていたため運動遊びの経験が極端に少なく，体の動きがぎこちない幼児の姿もある。入園して固定遊具での遊びや鬼ごっこなどの戸外でのいろいろな遊びに興味をもつものの体力的に他の幼児と一緒の遊びについていけなかったりする場合もある。園側では，これまでのカリキュラムの見直しはもちろんだが，幼児が予想もしない行動をとったり，ぎこちない動きをするので，これまで以上の安全管理や配慮が必要となる。

　入園前の幼児の家庭や地域社会での生活や遊びの変化が，人とかかわる経験や運動経験，自然体験などの不足や偏りを生み出し，その育ちに影響をもたらしている。いわば「失われた育ちの機会」といわれる問題である。

　もともと幼児期は個々の経験による発達の個人差が大きい時期であり，幼稚園や保育所ではその個人差を受け止めて，むしろそれを大切にして一人ひとりのよさや可能性をいかす保育を展開することが求められている。しかし，最近の幼児教育関係者の研究会などでは，社会の変化とともに暮らし方や子育てに関する価値観が多様化するなかで，これまで以上に発達の個人差が生まれつつ

あり，幼稚園や保育所等での園生活がうまくいかない幼児の姿があるという報告をよく耳にする。

これまでの社会にあっては家庭や地域社会の生活のなかで知らず知らずのうちに育っていたものが，現在ではそれらが育つ機会が奪われてしまっている。家庭での成長を受けてスタートする幼稚園や保育所等の集団保育施設での保育では，こうした幼児一人ひとりの生活経験の違いを受け止めつつ，さまざまな人やものとの出会いをつくりながら，幼児の人やものとの関わりを広げる，深める，そして高める工夫をこれまで以上にしていかねばならない。

(2)「遊べない幼児」の姿とその背景にあるもの

ある研究会で，4歳児の段ボール箱での遊びが話題になっていた。保育者は，段ボール箱を何かに見立てたり，イメージをもったりして遊ぶことを期待して，いろいろな形や大きさの段ボール箱を多数用意していた。筆者自身も，担任をしていた頃，こうした段ボール箱での遊びを保育のなかに取り入れたことがある。4歳児頃の体を動かしながら遊びを創り出していく時期には段ボール箱はおもしろい素材である。並べる，積む，運ぶ，かぶせる，滑らせる，中に入る等のさまざまな体の動きを通して，幼児は遊びのイメージをふくらませることができる。段ボール箱の中に入ったり出たりしていろいろに遊び，最後にはガムテープで補強しながらも段ボール箱を使っていたという記憶がある。その園でも段ボール箱を見つけた幼児たちは，さっそく積んだり並べたり，中に入ったり出たりして遊んでいたが，ある幼児の「ここに穴を開けて」という要求に応えて，保育者が穴を開けてあげると，他の幼児たちも「ここを繋げて電車にして」「ここを切って外が見えるようにして」等，次から次へと段ボール箱を変形することを要求するようになり，遊びはしだいに変わってしまった。当初は段ボール箱を自由に見立てたり，いろいろに組み合わせたりしてその幼児なりにイメージをわかして活発に遊んでいたが，いつのまにかその活気がなくなってしまった。幼児たちの「本物らしくしたい」というこだわりが，ダンボール箱のもつ，単純な形だが自由に組み合わせて遊べる，組み合わせながら遊びのイメージをかきたてるという特質を失わせ，堅くて自分の力ではうまく変形

できない不自由な箱に変えてしまったようだ。

　保育反省会で保育者は，「幼児の要求に応えてつい手伝ってしまったが，そのことが，幼児が段ボール箱を組み合わせながらいろいろにイメージして遊ぶ機会を奪ってしまった」と，自らの援助を反省していた。それを聞いていて，はたして保育者の援助だけが問題なのだろうか。最近の幼児の遊び方にも問題があるのではないかと思った。つまり，精巧なロボットや乗り物などの既製のおもちゃが溢れている日常の遊びが，ひとつの物を自由に見立てながら空想の世界で遊べるという幼児の特権を奪ってしまっていると思われたからである。「見えないもの」が見えるからこそ，「つもりになって遊ぶ」ことや「見立てて遊ぶ」ことが楽しく，その体験が遊びを創り出す力となっていく。素朴な形を使っていろいろなイメージがわくことが楽しいのに，幼児はイメージがわく前に見える形を求め遊ぶことをやめてしまっている。これでは遊びを創り出す力は育たない。

　実は，先の段ボール箱での遊びには，後日談がある。後日，ある幼児が，偶然に小さな段ボール箱を2個見つけ，それをブーツのように履き保育室を闊歩しはじめると，隣の幼児も同じような段ボールを見つけて保育室を闊歩するようになりロボットごっこが始まった。さらに，まねて遊び始めた幼児が，両腕に筒状のものをつけると格好いいロボットとなり，初めにロボットになって闊歩した幼児もそれをまねて遊びたいと言い，筒状の箱を探し始めた。保育者も一緒に探したそうである。

　おそらく，これまでにこうした素朴な素材と関わる体験がほとんどなかったので，初めは，それでどう遊んだらよいのかわからなかったのかもしれない。友達と遊ぶなかで，互いに刺激を受け遊びのイメージが広がっていった。つまり，雑多に置いてある段ボール箱だけでは，幼児の心を揺さぶる魅力がある環境とはなっていなかった。おもしろそうな物がある，遊ぶ仲間がいる，それを支える保育者がいるという条件が整って，初めて遊びが成立した。この話しを聞きながら，多少願いを込めてであるが，「時代が変わったとしても子ども本来の姿は変わっていない」と思った。

　「失われた育ちの機会」と指摘されるように，幼児の生活体験が限られたも

のとなってしまっている現状を踏まえると，幼稚園や保育所等においては，幼児一人ひとりの生活体験や育ちに沿ったきめ細かな配慮がこれまで以上に必要である。すなわち，直接的・具体的な生活体験が不足している幼児が，ワクワクドキドキして活動しながら，育ちにつながる意味ある体験を重ねていくために，これまで当然のこととして取り上げてきた遊具や用具，素材などの物的・空間的環境が，真に幼児の心をとらえ，豊かな体験となっているかどうかの検討をすることが求められている。物が豊かな時代であるからこそ，「豊かさとは何か」を問い，園環境を改めて考えることが必要ではないだろうか。

(3) 「遊ばない幼児」とその背景にあるもの

　もうひとつの事例を紹介する。ある研究会での園長先生の報告である。それは，園生活で無気力な幼児の姿と，その背景にある保護者と子どもとの関わりの問題を指摘した内容である。報告を聞きながらが，こうした子どもの自立にかかわる問題はどこの園にも共通する課題ではないかと思われた。

　幼児は好奇心旺盛で活動的な存在といわれるが，最近はそうではない幼児，つまり無気力な幼児がいる。その報告によれば，4歳児で幼稚園に入園した幼児が，6月に入り他の幼児が自分から遊びを見つけ活発に活動しているのにもかかわらず，なかなか自分から遊び出さないという。入園以来，泣いて登園を拒否したことはないが，保育者のまわりでぼんやりして過ごすことが多かった幼児である。ままごとやブロック遊びなどのこの時期の幼児が興味をもちそうな遊具には全く触れず，せいぜい絵本やパズルなど限られた遊具に触れる程度である。多くの時間は保育者のまわりにいて，とにかく自分から行動することはほとんどない。みんなでリズムにのって踊ったり絵を描いたりする活動に誘うと，必ず「できない」「やりたくない」という言葉が返ってきて，頑なに拒否するという。それは，集団生活になじめない姿とも受け止められるが，一方に「できない」と言う頑なな表情のなかに，「うまくできそうもない」という思いが見え隠れしている。いつも大人の目を気にしているという様子が見てとれる。その背景には，保護者の過保護や過干渉があるのかもしれないという報告だった。

自我が芽生える幼児期の教育では，自分の力で行動し何かをやり遂げ，自分の力を実感することから，自分に対する肯定的な自己感情がもてるようになることが大切である。「とにかく自分の力でやってみたい」という気持ちと，「やってみたけれどうまくいかない」という現実とのジレンマを重ねるなかで，しだいに幼児のなかに自立心が芽生える。そのためには，まずは，「とにかくやってみたい」という自分の思いから行動することが前提であり，そうした幼児の行動を支えることから，幼児なりに「できそうな自分」をつくっていくことが幼児教育の課題である。しかし，現実には，大人に囲まれた生活や保護者の過度な期待や干渉からその芽が摘まれてしまっている場合も少なくない。改めて，少子化や核家族化が進行するなかで，自我の成長に関わる体験をどう保障していくか考えさせられた。

❸ これからの幼児教育を考える視点

(1) 学校教育のスタートとしての「遊び」の再考

　少し唐突な言い方かもしれないが，「遊べない子」「遊ばない子」の現状に接して思うことは，「失われた育ちの機会」から子ども本来の姿を取り戻すためには，まずは幼児期における「遊び」を見直し，「遊び」の再考から学校教育のスタートを考えるべきではないかということである。

　おそらく，一般の人の多くは，「学校は小学校から」と思っているだろう。学校には時間割があり，黒板や机がある，教科書を使って勉強する等々，学校はあるイメージをもって受け止められている。もちろん，こうした学校のイメージは，必ずしも現在の小学校以上の教育を正しくとらえているわけではないが，幼稚園や保育所での遊びとは大きく異なるものとしてとらえられている。したがって，小学校教育と遊びを中心として総合的な指導を行う幼稚園や保育所での保育とはかけ離れていると受け止められる。

　しかし，本来，学校は，さまざまな体験や学習を通して子どもたちが未知なる世界を知っていくこと，「学ぶことの楽しさ」を体験していく場でなくてはならない。現実にはいろいろな課題はあるものの，少なくとも教師はそのこと

をめざして日々の授業を構想している。それは，学校教育のスタートである幼稚園や保育所における保育でも同様である。保育では，幼児が夢中になって遊び込む体験を大事にし，遊びを通して好奇心や探究心をもってものごとに取り組むことのおもしろさや充実感を十分に体験できる場を確保する。幼児が我を忘れて没頭して遊ぶなかで，伸びやかに探究する，何ものにもとらわれず自由に発想し試してみる，身体全体で対象とかかわり，戯れ，未知なる世界と出会うことを大事にしたい。幼児が主体的に環境と関わって遊ぶなかで，自らの世界を広げていくこと，つまり「学ぶことの楽しさ」を体験することを学校教育のスタートとして考えたい。

　そのためには，幼児の育ちの現状を踏まえ，「遊び」の再考の視点から園環境の在り方を検討しなければならない。つまり，集団生活のなかで，幼児一人ひとりの心が開放され，心理的にも物理的にも対象と心ゆくまでゆったりと関わり，その関わりを楽しめるように，時間的にも空間的にも環境を整えることが急務である。とりわけ，遊びのよき理解者としての保育者の役割は重要であることは言うまでもない。保育者は，その専門性を磨き，幼児が真剣に取り組んでいることや，そのなかで少しずつ変化し関わり方が変容してきたことに気づき，そのことに決定的につきあうことが求められる。

(2)「芽生えを培う教育」の展開

　2つめの視点は，幼児教育を「芽生えを培う教育」と置き換えて考え，幼児期から児童期への発達や学びの連続性を確保していくことである。

　幼稚園や保育所等に入園すると，幼児は他の幼児たちと営む集団生活や遊びを通して，さまざまな人やものと出会い，いろいろな出来事を経験していくことになる。こうした経験を通して，自我や道徳性，協同性が芽生え，言葉の理解が深まり，思考力や表現力の芽生えが培われていく。これらは，すべて小学校以降の生活や学習の基盤となっていく。つまり，「芽生えを培う教育」として何か特別なことをする，また反対に「芽生え」だから単に幼児が育つのを待つというのでもなく，幼児期の特性を踏まえ，幼児期にふさわしい教育を展開するなかで，小学校以降の生活や学習の基盤が培われていくことを大切にした

い。そのためには，保育者自身のなかに，幼児期から児童期への発達と教育についての見通しをもつ必要がある。

　幼児期の教育内容には，幼稚園や保育所の修了時までには育てておきたいことと，幼児期から始まるものとしてその芽生えを大切に育てていくことがある。基本的な生活習慣の確立は前者である。道徳性や規範意識，思考力，表現力，協同性等は後者である。特に，後者については，ようやくこの時期に芽生えるものなので，さまざまな生活場面のなかできめ細かく関わり，その芽を次の学校段階につなげていく必要がある。

　したがって，「芽生えを培う教育」を展開する際大事なことは，園生活が幼児にとって豊かな生活体験を得る場となっていることである。「豊かな」ということは，単に「多様な」ということを意味しているのではない。多様性があることとともに，1つひとつの体験が関連性をもっていることを意味する。つまり，1つひとつの体験がバラバラにあるのではなく，関連づいて，幼児にとって有意味となっていく過程を，保育者がきめ細かく関わり，環境をつくりながら大事に育てていくことが，「芽生えを培う」ことにつながっていく。

(3) 家庭とともに歩む「新たなる協力体制」の構築

　最後に，家庭，地域社会，幼稚園や保育所等の集団保育施設の三者による新たなる協力関係を強調したい。確かに，現在，幼稚園や保育所の機能は拡大し，その外形は着実に変わりつつある。とりわけ，いずれの園においても，子育て支援は必要であり，できる範囲でいろいろな支援がなされている。近年の少子化や核家族化，女性の社会進出の拡大などの社会の変化のなかで，子どもやその保護者の生活を守り，子どもの心身の健やかな発達を促していくためには，園の機能を拡大して子育て支援を行うことは必然であり，これからもその充実を図ることが必要である。

　今振り返ってみると，初めの段階では，子育て支援にしても，幼稚園の預かり保育や保育所の延長保育にしても，子どもや子育てを取り巻く環境の変化のなかで，子ども一人ひとりの生活を守るためには，やらずにはいられない状況のなかでスタートしたものである。これからの社会においては，社会に必要な

システムとして，その内容を充実させていくことが必要である．ただし，その際確認しておきたいことは，子どもにとっての心の基地は家庭にあり，その家庭を支え，幼児期にふさわしい発達を保障していく場として，幼稚園や保育所での幼児教育の展開があるということである．確かに現在は，幼稚園や保育所から家庭に向けて子育て支援として提供していることが多いが，こうした支援を通して，やがては家庭や地域社会の子育て力が向上し幼児教育が充実していくといった，家庭や地域社会と園との関係が双方向となり，子どもを中心として連携協力関係が強化されていくことが大切である．

そのためには，家庭や地域社会の子育て力をいかにして取り戻し，家庭とともに歩む「新たなる協力体制」を構築していくかが重要な鍵となる．

考えてみよう

① 現代社会では，「失われた育ちの機会」として家庭や地域社会の教育力低下の問題が指摘され，幼児の育ちが変わったといわれているが，実態はどうだろうか．幼児の生活や発達に関する実態調査等を集め，その実態について話し合ってみよう．

② 幼児が夢中になって遊んでいる姿を観察し，幼児がそのなかでどのような体験をしているかを記録し，その記録をもとにして，幼児にとっての遊びのもつ意味について考えてみよう．

【引用参考文献】

小田豊・榎沢良彦編，2002，『新しい時代の幼児教育』有斐閣．
小田豊・神長美津子編，2008，『幼稚園教育要領の解説』ぎょうせい．
中央教育審議会答申，2005，「子どもを取り巻く環境の変化を踏まえた今後の幼児教育の在り方について―子どもの最善の利益のために幼児教育を考える―」(平成17年1月)．
萩原元昭編，2002，『幼児の保育と教育』学文社．
無藤隆・神長美津子編，2003，『幼稚園教育の新たな展開』ぎょうせい．

第2章 日本における幼児教育の系譜

湯川 嘉津美

1 幼稚園の誕生

(1) 先駆的な保育施設の提唱

　日本の幼児教育の歴史をみてみると，明治以前には幼児を施設で集団的に保育するという慣行はなかった。また，数え年7歳を成長の重要な節目とする伝統的な社会では，7歳未満の幼児に対する関心は低く，積極的な教育の対象とも考えられていなかった。それは間引きとよばれた嬰児殺しが江戸時代に人口調節の方法として広範に行われたことと無縁ではない。間引きは「子返し」ともいわれたように，子どもの魂を神の世界にお返しする行為と考えられており，子どもを殺すのではなく，いまだ人間にあらざるものを人間にまで育て上げないことと観念されていたのであった。

　そうしたなかで，江戸時代後期に農政学者佐藤信淵によって，保育施設の設置が提唱されたことは，画期的なことであった。江戸時代も後期になると度重なる飢饉により農村は荒廃し，堕胎や間引きは習俗化するに至った。そうした農村の惨状を目のあたりにした信淵は，貧民を救済する方策として無償の保育施設の設置を構想し，子育てへの公的保障を求めたのである。なかでも『垂統秘録』(1833年頃)において，貧しい農民たちが間引きをせずに，保育施設に乳幼児を預けて安心して働けるようにと考案された「慈育館」（4歳未満の乳幼児対象）と「遊児廠」（4歳から7・8歳の幼児対象）は，近代の幼児保育にもつながる先駆的な保育施設構想として注目される。その背景には西洋の養育施

設に関する情報があり，信淵は桂川甫周の『北槎聞略』に記されていたロシアの捨て子養育施設（「幼院」）の情報をもとに「慈育館」と「遊児廠」を構想したのであった。信淵の保育施設構想は実現には至らなかったが，西洋の養育施設情報を摂取して提唱された保育施設の構想は，明治前期に文部省がその設置を奨励した貧民や労働者子弟のための簡易幼稚園（いわゆる貧民幼稚園）につながるものであり，そこに幕末から明治期に通底する保育課題を見出すことができる。

(2) 東京女子師範学校附属幼稚園の創設

　明治維新によって徳川幕府による封建支配は終わり，日本は近代国家の第一歩を踏み出した。明治政府は1871（明治4）年文部省を設置し，翌年「学制」を発布して国民教育制度の確立を急いだ。幼児の教育についても「幼稚小学」が小学校の一種として位置づけられ「男女子弟六歳迄ノモノ小学ニ入ル前ノ端緒ヲ教ル」ものと規定された。これは最初の幼児教育規定として注目されるが，幼稚小学は実施されることはなく，条文のみに終わった。

　日本人に幼児教育の必要性を認識させる契機となったのは，明治初年の欧米教育視察であった。1873（明治6）年開催のウィーン万国博覧会に派遣された人々はドイツやオーストリアの幼稚園見聞を通して，幼稚園が労働に従事する父母の子育てを助けるのみならず，遊びや作業によって幼児の教育を行い，就学後の学業の進展にも成果を上げていることを知り，幼稚園設置の必要性を説いた。また，1871年から73年にかけて岩倉使節団の欧米歴訪に文部理事官として随行した田中不二麿も，「遊戯中不知々々就学ノ階梯ニ就カシムル」ように考えられた欧米の幼稚園に感銘を受け，幼稚園教育がすべての教育の基礎であることを認めた。そして，1875年に幼稚園開設の伺書を太政大臣三条実美に提出して，日本における幼稚園創設の必要性を主張したのである。

　この田中の尽力により，1876（明治9）年11月，東京女子師範学校附属幼稚園は創設され，日本の幼稚園教育も本格的にスタートした。それはフレーベルによる幼稚園の創設から30余年，アメリカにおける公立幼稚園開設からわずか6年後のことであった。附属幼稚園では東京女子師範学校の英語教師を務めて

May, 1876.

Kindergarten Gifts
AND
Occupation Material.

NOTE. This Revised Price-List cancels previous Catalogues.

The First Gift.

For the youngest children:
Six soft Balls of various colors.
Aim: to teach color (primary—red, blue, yellow—and secondary or mixed—green, violet, orange) and direction (forward and backward, right and left, up and down); to train the eye; to exercise the hands, arms, and feet in various plays.
A Set, in Wooden Box, with Directions (*Fræbel's First Gift for Babies*), $1.00
Extra Sets, of 6 Balls, $0.60
Directions for the use of the First Gift may also be found in
HOFFMANN, *Kindergarten Toys and how to use them. A Practical Explanation of the first six Gifts of Fræbel's Kindergarten,* and in many other publications. $0.20

The Second Gift.

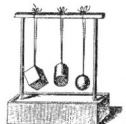

Sphere, Cube, and Cylinder.
Aim: to teach form, to direct the attention of the child to similarity and dissimilarity between objects. This is done by pointing out, explaining, and counting the sides, corners and edges of the cube; by showing that the properties of the sphere, cylinder, and cube are different on account of their difference of shape; by pointing out that the *apparent* form of the sphere is unchanged, from wherever viewed, but that the apparent forms of the cube and cylinder differ according to the point from which they are viewed.
The forms are of wood, machine-made for this special purpose; are neat and provided with the necessary staples and holes for hanging.
In Wooden Box, with cross-beam for hanging the forms, $0.70
For Directions see HOFFMANN, *Kindergarten Toys,* and other publications.

E. Steiger, 22 & 24 Frankfort St., New York.

The Third Gift.
Fræbel's First Building Box.

Large Cube, divided into eight small cubes of equal size. Aim: to illustrate form and number; also to give the first idea of fractions.
In Wooden Box, $0.20
Diagrams and Directions for using the Third Gift. In Wrapper, $0.30
See also HOFFMANN, *Kindergarten Toys,* and other publications.

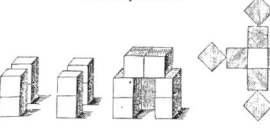

The Fourth Gift.
Fræbel's Second Building Box.

Large Cube, divided into eight oblong blocks. — The points of similarity and difference between this and the Third Gift should be indicated.
In Wooden Box, $0.30

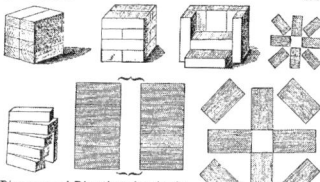

Diagrams and Directions for using the Fourth Gift. In Wrapper, $0.30
See also HOFFMANN, *Kindergarten Toys,* etc.

E. Steiger, 22 & 24 Frankfort St., New York.

Fræbel's Kindergarten Occupations for the Family.

No. 3.
Perforating (Pricking).
2 Perforating-Needles, 1 Perforating-Cushion, 1 Package of 10 leaves of paper, ruled in squares on one side, 1 Package of 10 leaves of heavy white paper, 93 Designs on 12 plates, and Instructions.

No. 4.
Weaving (Braiding).
1 Steel Weaving-Needle, 20 Mats of assorted colors and widths, with corresponding strips, 65 Designs on 12 plates, and Instructions.

No. 5.
Embroidering.
Worsted, 12 different colors, and 3 Worsted-Needles, 1 Perforating-Needle, 10 pieces of Bristol Board, ruled on one side, 1 piece of Blotting Paper, 10 leaves of white paper, 136 Designs on 12 plates, and Instructions.

No. 6.
Cork (or Peas) Work.
60 Cork Cubes, 60 pieces of Wire, 1, 2, 3, and 4 inches long, respectively, 1 Piercing-Pin, 108 Designs on 12 plates, and Instructions.

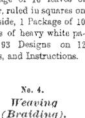

Fræbel's Kindergarten Occupations for the Family.

No. 7.
Plaiting (Interlacing Slats).
30 Wooden Slats, 9 inches long, ⅜ inch wide, 30 Slats, 6 inches long, ⅜ inch wide, 93 Designs on 12 plates, and Instructions.

No. 8.
Ring-laying.
10 Rings and 20 Half Rings each, of 2 inches, 1¼ inch, and ⅜ inch diameter (altogether 30 Whole Rings and 60 Half Rings), 107 Designs on 12 plates, and Instructions.

No. 9.
Intertwining Paper.
100 Strips of Paper, white and colored, 55 Designs on 12 plates, and Instructions.

No. 10.
Cutting Paper.
1 Pair of Scissors, with rounded blades, 100 leaves of Paper, white and colored, 10 leaves of stout Ultramarine Paper, 96 Designs on 12 plates, and Instructions.

Now in preparation, to be issued shortly:
Tablet-laying — Connected Slat and Thread Game — Paper-folding — etc.

E. Steiger, 22 & 24 Frankfort St., New York.

アメリカの幼稚園恩物の図
出所）*An Illustrated Catalogue of Kindergarten Gifts and Occupation Material,* E. Steiger, 1876.

いた関信三が監事（園長）に就任し，ドイツで幼稚園教育を学んだのち結婚のために来日していた松野クララが首席保姆として指導にあたり，フレーベル主義の幼稚園教育の導入を図った。

　フレーベル主義幼稚園の保育内容といえば，遊具による遊び，紙や板・粘土などを用いた作業，運動遊戯，植物栽培，戸外でのボールを用いたゲーム等が主要なものであったが，日本の幼稚園では前二者が「恩物」（giftの翻訳語，子どもへの贈り物の意）と称されて保育内容の中心に位置づけられた。

　東京女子師範学校附属幼稚園の開園当初の保育内容（1877年）をみると，「物品科，美麗科，知識科」の3科目のもとに，25の子目（五彩球ノ遊ヒ，三形物ノ理解，貝ノ遊ヒ，鎖ノ連接，形体ノ積ミ方，形体ノ置キ方，木箸ノ置キ方，環ノ置キ方，剪紙，剪紙貼付，針画，縫画，石盤図画，織紙，畳紙，木箸細工，粘土細工，木片ノ組ミ方，計数，博物理解，唱歌，説話，体操，遊戯）を含む構成がとられていた。「物品科，美麗科，知識科」とは，フレーベルの恩物による表現の3形式を踏まえたもので，そこでは恩物を用いたさまざまな活動を通して，幼児期に育つことが期待されるねらい（生活認識や美的情操，数的認識の育成）が示されていた。子目の大部分は恩物によって占められており，「形体ノ積ミ方」「形体ノ置キ方」とは積木遊び，「畳紙」とは折紙遊びのことである。折紙は一般に日本の伝統文化と考えられているが，正方形の色紙を折って種々の形を作る遊びは，幼稚園の導入に伴ってもたらされたのであった。松野の指導を受けた氏原鏻によれば，フレーベルの理論が忠実に伝えられ，雨天のほかは戸外での活動を中心に，子ども本位の自然に親しむ保育が心がけられていたという。

(3) 就学準備教育の場としての幼稚園

　こうした遊びによる保育に対して，親たちの反応は冷ややかであった。遊びを学びの対極にとらえていた当時の人々にとって，幼稚園における遊びに有用性は見出しにくく，子どもを幼稚園に通わせても遊んでくるばかりで何も教えてくれない，という親たちの不満があったという。そこで附属幼稚園では1881（明治14）年に規則改正を行い，保育課目に「読ミ方」「書キ方」を加えて教えるようになった。表2-1は「一ノ組」の保育時間割であるが，これをみれば毎

表2-1　東京女子師範学校附属幼稚園の保育時間割（1881年）

土	金	木	水	火	月
					洋法
唱歌	唱歌	唱歌	唱歌	唱歌	唱歌 九時ヨリ九時三十分マテ
庶物話	修身話	修身話	庶物話	修身話	修身話 九時三十分ヨリ九時五十分
書キ方	読ミ方	読ミ方	書キ方	読ミ方	読ミ方 十時ヨリ十時三十分
体操	体操	体操	体操	体操	体操 十時三十分ヨリ十時五十分
土細工	豆細工	箸排ヘ	板排ヘ 第七	木ノ積立 第四	木ノ積立第三 十一時五十分ヨリ十一時二十分
唱歌	唱歌	唱歌	唱歌	唱歌	唱歌 十一時二十分ヨリ十一時四十分
午飯随意遊戯	午飯随意遊戯	午飯随意遊戯	午飯随意遊戯	午飯随意遊戯	午飯随意遊戯 十一時四十分ヨリ十二時四十分
	画	結ビ物		画	数ヘ方 十二時四十分ヨリ一時十分
			数ヘ方		
遊戯	遊戯	遊戯	遊戯	遊戯	遊戯 一時十分ヨリ一時三十分
縫取リ	紙剪ミ	紙褶ミ	紙織リ	紙織リ	一時三十分ヨリ二時マテ

日1時間程度，読み書き算の教育が行われていたことがわかる。また，組の編制についても，3組から4組編制に変更し，最上級の「一ノ組」を小学校への「つなぎの組」（接続級）とみなして，幼稚園から小学校への円滑な移行を試みた。これは最初の幼小連携の事例といえようが，そこで採用されたのは附属小学校初等科1年前期（12級）と幼稚園の最上級のカリキュラムの共通化を図り，幼稚園修了児を初等科1年後期（11級）に編入させる方法であった。それは幼稚園において小学校の先取り教育を行うことで幼稚園教育と小学校教育の段差を解消しようとするものであったといえよう。

1884（明治17）年2月の附属幼稚園規則の改正では，さらに組を6組に増やし，小学校と同じく6ヵ月を単位として組の編制を行い，保育課目の整理を行った（表2-2参照）。これにより，附属幼稚園の保育課目は「会集，修身の話，庶物の話，木の積立て，板排へ，箸排へ，鐶排へ，豆細工，珠繋き，紙織り，紙摺み，紙刺し，縫取り，紙剪り，画き方，数へ方，読み方，書き方，唱歌，遊嬉」の20種となった。各保育課目にはねらいと用い方が示されており，「木の積立て」についてみれば，以下の通りである。

木の積立ては立方体，長方体，方柱体，三角柱体の木片を与へて，門，家，橋等の形を積立てしめ，或は種々の形を排へしめ，以て構造の力を養ふを主とし，兼て辺，角，形態の観念を得しむ。

表2-2　東京女子師範学校附属幼稚園の保育課程表（1884年）

課/組	会集	修身ノ話	庶物ノ話	木ノ積立テ	板排ヘ	箸排ヘ	鐶排ヘ	豆細工	珠繋キ	紙繋キ	紙織リ	紙摺ミ	縫取リ	紙剪リ	画キ方	数ヘ方	読ミ方	書キ方	唱歌	遊嬉	通計
六の組	六	三	三	五	二	一	一			二	二	二				一			六	六	四〇
五の組	六	三	三	五		一	一			二	二	二				一			六	六	四〇
四の組	六	三	三	四	二					二	二	二			一	一			六	六	四〇
三の組	六	四	二	四	二					二	二	二			二	二	二	一	六	六	四五
二の組	六	四	二	二	二			一			二	一	二	一	二	二	三	二	六	六	四五
一の組	六	四		二				一					一	一	三	二	五	三	六	六	四五

　ここでは門や家、橋などの形を作る活動を通して、構造の力や形態の観念を養うことが求められていたのであった。

　その後、附属幼稚園をモデルとして各地に幼稚園が設立され、また、小学校付設の保育科も設置されるようになるが、それらの多くは小学校と同様の時間割を使用して読み書き算を教え、恩物を知育の手段として用いる学校的な施設であった。

　こうした動きに対して、文部省は1882（明治15）年以降、「貧民力役者等ノ児童」を対象とする簡易幼稚園（貧民幼稚園）の設置を奨励して、その普及を期した。そして、1892（明治25）年には女子高等師範学校附属幼稚園（1891年名称変更）に保育料無料の分室を設立して、簡易幼稚園のモデルを示すが、その後、分室をモデルに簡易幼稚園を設置するものはなかった。小学校の普及が最重要課題であった当時、保育料無料の保育施設を市町村が設置する余裕はなかったのである。

2　幼稚園制度の成立と幼保の二元化

(1)「幼稚園保育及設備規程」の公布

　1890年代に入ると，都市部を中心に幼稚園の設置が急速に進み，1887（明治20）年の園数67が1899（明治32）年には229にまで増加した。幼稚園教育の見直しも行われるようになり，女子高等師範学校附属幼稚園では1891（明治24）年に幼稚園規則を改正して，読み書き算を保育課目から削除し，さらに93年には保育課目を「説話，行儀，手技（しゅぎ），唱歌，遊嬉（ゆうぎ）」の5課目に整理して，繁雑を極めていた恩物類を「手技」に一括した。小学校教育とは異なる遊びを中心とする保育を行って，学校的幼稚園からの脱却を図ろうとしたのである。

　一方，文部省でも1899年6月に「幼稚園保育及設備規程」（文部省令第32号）を公布し，幼稚園の保育や施設・設備について規定した。それによれば，幼稚園は3歳から就学までの幼児を保育するところで，1日の保育時間は5時間以内，保姆一人あたりの幼児数は40名以内で，1園では100名以内を原則とするとされた。また，保育内容は「遊嬉，唱歌，談話，手技」の4項目とされ，「遊嬉」を中心に幼児の心身の発育の程度に合わせて行うことが示された。ちなみに，「遊嬉」には「随意遊嬉」（自由遊び）と歌曲に合わせて集団で運動をする「共同遊嬉」（いわゆるおゆうぎ）の2種があったが，これらの「遊嬉」によって「心身ヲ快活ニシ身体ヲ健全ナラシム」ことが期待されていたのである。

　この時期に欧米の新教育理論に学びながら，遊びを中心とする保育論を展開したのが，女子高等師範学校助教授兼附属幼稚園批評掛を務めた東基吉（ひがしもときち）であった。東は恩物中心の知識教育に偏った幼稚園を批判し，フレーベルの根本精神に立ち返って，遊びを通して幼児の自己活動力を満足させる保育を行うよう主張した。そして，恩物についても，その形式的な使用方法や恩物理論については否定するが，幼児の活動性を満足させる方法としては教育的価値を有するとして，遊びの材料のひとつに恩物を位置づけ，その自由な使用を求めた。表2-3は，女子高等師範学校附属幼稚園の保育時間割（5歳児）である。1日の保育時間は午前9時から午後1時30分までの4時間30分（食事時間を含む）で

あり，そのうち「遊嬉」（外遊・内遊）には2時間ないし2時間30分が充てられていた。

こうした遊びを中心とする幼稚園教育のあり方は，1908（明治41）年のフレーベル会による文部省への建議にも示されていた（「フレーベル会建議案（上）」1908）。この建議では「幼児を保育するには其日常の遊嬉を指導して心身を健全に発達せしめ，善良なる習慣を得しむるを以て本旨とす」として，幼児教育は遊びを通して指導するものであることが明示されており，保育内容についても「保育に要する遊嬉を観察，模倣，唱歌，談話，運動，手技，作業等とす」と，「遊嬉」のなかに観察以下の内容を位置づけるのであった。そこには幼稚園における遊び認識の深まりが認められる。

(2) 託児所の誕生

1890年代から1900年代にかけての産業革命の進行は都市下層社会を膨張させ，劣悪な環境におかれた子どもの問題が顕在化していった。こうした社会状況を背景に，キリスト教徒や進歩的知識人らによって貧民幼稚園設立の動きが起こり，1895（明治28）年神戸市に宣教師タムソンによる善隣幼稚園が開設された。東京では1900（明治33）年に野口幽香と森島峰が二葉幼稚園を設立し，貧民幼稚園として遊びを中心としながら衛生や生活習慣などの生活面にも重点を置いた保育を行った。大阪では1909（明治42）年，石井十次による愛染橋保育所がつくられた。また，女性労働者確保のための工場付設託児所も設置されるようになり，1894年に東京紡績株式会社，1902年には鐘淵紡績会社が託児所を設置している。日露戦争時には戦時保育事業として出征軍人遺家族の生活擁護を目的とする託児所が全国各地

表2-3　女子高等師範学校附属幼稚園の保育時間割（1899年）

日＼時	月	火	水	木	金	土
自九時至同半	会集・外遊	同	同	同	同	同
九時半〜十時	唱歌説話	同	内遊	同	唱歌説話	同
十時〜十時半	外遊	内遊	外遊	同	同	同
十時半〜十一時	排板	内遊	外遊	積木	内遊	同
十一時〜十一時半	内遊	外遊	画方	外遊	排箸環	豆細工
十一時半〜十二時	食事	同	同	同	同	
十二時〜十二時半	外遊	同	同	同	同	
十二時半〜一時半	摺紙	織紙	摺紙	織紙	剪紙	

に開設され,一部は戦後も保育事業を継続した。

　他方,内務省も慈善救済事業の一環として幼児保育事業の推進に乗り出し,1908（明治42）年からは民間の社会事業団体に対して補助金を下付して幼児保育事業への積極的助成を行った。そうしたなかで,二葉幼稚園は1916（大正5）年,名称を二葉保育園に変更して,内務省所管の保育施設となった。都市部では公立託児所も設置されるようになった。こうして労働者子弟の保育は内務省所管の託児所（保育所）によって担われるようになり,文部省所管の幼稚園とは別系統の保育施設として発展していった。

③ 幼稚園教育の確立

(1) 保育界における幼稚園令制定要求

　1910年代から20年代にかけて,幼稚園は普及し,1916（大正5）年の665園から1926年には1,066園にまで増加した。とりわけ私立幼稚園の増加はいちじるしく,公立を凌いだ。また,大正デモクラシーの高揚に伴う児童中心の自由主義教育の紹介や実践は,幼稚園教育にも影響を及ぼした。モンテッソーリ法の導入のほか,植物栽培活動や郊外保育など,戸外での活動も盛んに行われるようになり,幼児の生活や遊びを中心とする保育が実践されるようになった。

　全国規模の保育研究大会もたびたび開催されるようになり,そうしたなかで,幼稚園の制度的確立を求める声も高まっていった。1921（大正10）年の全国幼稚園関係者大会および帝国教育会主催の全国保育者大会では,新たに「幼稚園令」およびその施行規則を制定すべきであるという宣言が出され,陳情や請願運動が繰り広げられた。さらに,1925（大正14）年6月の「全国保育者代表協議会」では,文部省における幼稚園令作成の参考に供するための幼稚園令内容案の審議が行われた（「保育者代表協議会の状況」1925）。そして,「幼児を教育するには遊びの生活を本体とし,幼児に適当なる実際生活,芸術生活,及び運動遊戯を以てし,又自然界及社会生活の直観をなさしむ」ことを基本方針とする「幼稚園教育要項」の作成もなされた。それは従来の保育4項目（遊嬉,談話,唱歌,手技）の発想を超えて,幼児の教育は遊びの生活を本体とし,具体的な

幼児生活の指導を中心に行うとの立場を打ち出すもので，そうした考え方が大正期に保育界の総意として示されたことの意味は大きい。

(2)「幼稚園令」の公布

　保育界の幼稚園令制定要求運動が盛り上がりをみせるなかで，文部省は1925（大正14）年に全国の幼稚園の実態調査を行うとともに，文政審議会に「幼稚園令制定ノ件」を諮問した。そして，その答申にもとづいて1926年4月，「幼稚園令」（勅令第74号）が公布された。

　幼稚園令では，3歳未満児の入園を認め，1日の保育時間も「早朝ヨリ夕刻ニ及フモ亦可」（1926年文部省訓令第9号）として，長時間保育を認めるなど，幼稚園への託児所的機能の導入が図られていた。その背景には資本主義の発展に伴う階層分化の進行，女性労働者の増大と幼児保護の問題，さらには第一次世界大戦後の不況による労働者の生活の困窮と労働争議の頻発といった不安定な社会状況があり，そうした社会問題を解決する一方策として，「父母共ニ労働ニ従事シ子女ニ対シテ家庭教育ヲ行フコト困難ナル者」（同上）をも対象とする幼稚園の設置が求められたのである。また，同時に公布された「幼稚園令施行規則」（1926年文部省令第17号）によって，保育内容や保姆の資格・待遇，保姆検定，幼稚園設備，設置・廃止等の規定がなされ，幼稚園教育の質的向上が図られた。保育内容については，「保育項目ハ遊戯，唱歌，観察，談話，手技等トス」と定められ，新たに「観察」「等」が加えられた。さらに，保姆免許状の取得が規定され，その資格も従来の尋常小学校准教員程度から尋常小学校本科正教員程度以上に引き上げられた。

　幼稚園令の制定を機に，幼児教育への関心は高まり，中流以下の子弟にまでその対象を拡大しながら幼稚園は普及していく。しかし，幼稚園令が企図した幼稚園への託児所的機能の導入は，文部省が幼稚園への財政的保障を行わなかったために実効性をもたず，労働者層の保育は託児所の増設によって担われた。その結果，幼稚園と託児所の二元的状況はさらに進むこととなった。

(3) 誘導保育論の成立

　この時期に保育界を指導し，保育理論の構築とその実践を推進したのが東京女子高等師範学校教授で附属幼稚園主事を務めた倉橋惣三である。倉橋はアメリカの新教育理論に学びながら，幼児生活の尊重と幼児の自己充実を第一義とする保育理論（いわゆる誘導保育論）を提唱して，全国の幼稚園に影響を与えていった。倉橋はその著書『幼稚園雑草』(1926年) において，まず「幼稚園に於て何よりも大事なものは子供の遊びということ」であるとのべ，それまでの「恩物」による机の保育，教師中心の「教へすぎる幼稚園」の打破を訴えた。子どもは遊び活動において，その「自発的生活」が保障され，情緒的な楽しさが満たされるのであり，ゆえに「教ふるよりも共に遊び，共に遊ぶよりも子供等をして我に於て自らよく遊ばしめるの大教育」を幼児教育の理想としなければならないというのであった。ついで「就学前の教育」(1931年) では，幼児教育の主目的は「人間の基本教育」を行うことであるとして，幼児の生活活力，自己発展力を育成する保育を論じ，それを「生活による生活の教育」と称した（倉橋，1931）。倉橋によれば，幼児教育においては幼児の生活の実質を離れないことと，生活の自然を失わせないことが大切であり，それは遊びにおいて最もよく行われるという。よって，保育者は幼児の遊びを尊重し，またそこにおける群れとしての幼児の相互的生活を生かしながら，教育的意図を反映させた環境や保育者自身の生活によって幼児の自発活動を誘発し，その生活を誘導することができる。それは保育者が「楽しく踊ることで踊らせ，熱心に製作する

誘導保育案による「箱の家」づくり
（『幼児の教育』第29巻第11号，1929年，口絵より）

誘導保育案による「旅へ―東京駅から―」の実践
（倉橋惣三『幼稚園保育法真諦』東洋図書，1934年より）

ことで製作させ，幼児をその生活の方に引き入れてくる」とともに，熱心や努力といった態度をも育てていく教育のあり方であった。

1934（昭和9）年，倉橋は『幼稚園保育法真諦（しんてい）』において幼児の生活を本位とする保育理論（いわゆる誘導保育論）の理論的体系化を図り，その方法を「自己充実（設備・自由）―充実指導―誘導―教導」という4つの段階に分けて提示した。すなわち，第一段階の「自己充実」とは，幼児の生活それ自身が自己充実の大きな力をもっていることを前提として，その力を十分に発揮させることであり，そのために幼稚園では「設備」（環境）の用意と「自由」の保障が必要であるとされる。第二段階の「充実指導」とは，子どもたちが自分の力で充実したくても自分だけではそれができないでいるところを指導することである。そのうえで，第三段階の「誘導」が行われる。倉橋によれば，幼児の生活はどうしても刹那的・断片的になりやすいが，こうした幼児の生活にある中心を与え，保育を系統立てていくことができれば，幼児の興味を深くし，その生活をいっそう生活として発展させていくことができるという。そして，幼児の自己充実・充実指導が図られると同時に，幼児の興味に即した主題をもって幼児の生活を誘導するところが幼稚園であり，そこに幼稚園の存在価値があると述べるのであった。最後に「教導」がくるが，この「教導」は主として学校教育のなかで行われるもので，「幼児保育としては最後にあって極く一寸（ちょっと）する丈のこと」とされる。そこにはどこまでの幼児の生活を尊重しつつ，保育者の適切な誘導と指導によってその生活を充実させ，幼児生活のさらなる展開を図ろうとした倉橋の保育論の特徴をみることができる。

翌年，倉橋は東京女子高等師範学校附属幼稚園の保姆たちとの共同研究の成果を『系統的保育案の実際』（1935年）にまとめて刊行した。この保育案は倉橋の誘導保育の考え方を2年間の幼稚園生活に組み込みながら，幼児の生活に即して作成したもので，日本で最初の本格的な幼稚園カリキュラムとして，その後の幼稚園の保育案作成に大きな影響を与えた。

4　戦時体制下における幼稚園と託児所

　日中戦争の勃発とともに社会事業は戦時政策の一翼を担うようになる。1938年に厚生省が設置され，同年「社会事業法」が制定されると，託児所は社会事業法のもとで児童保護事業の一分野として法的に位置づけられた。他方，1937年12月には教育審議会が設置され，総力戦体制に即応した教育改革の基本方策が審議された。幼児教育については，1938年12月の答申「幼稚園ニ関スル要綱」において，簡易な幼稚園の設置や保健と躾の重視，幼稚園における社会的機能の発揮などが方針として示された。教育審議会では幼稚園と託児所の関係が幾度か審議の対象となり，そこでは今後の方向として幼稚園と託児所の一元化を図ることや文部省内に幼児教育を中心的に取り扱う組織（たとえば幼児教育局）を設置することの必要性が指摘されたが，これらの提案は答申には反映されずに終わった。

　教育審議会での議論を受けて，保育界では幼児教育制度改革への機運が高まった。倉橋惣三は幼稚園の国民教育機関としての再編を主張し，従来の個人教育的な幼稚園を国民学校と連動して皇国民の錬成を担う「国民幼稚園」に転換すべきことを主張した。そして，国民幼稚園となるためには国民学校と同様に国民的普及および国民的無差別ということが不可欠であるとして，幼稚園教育の義務制と幼保一元化の実現を要求したのである。同じく城戸幡太郎を会長とする保育問題研究会でも1941年に「国民幼稚園要綱試案」を発表し，「国民幼稚園は皇国の道に則る国民保育機関であるが，国民たる幼児全般を包摂する意味に於ても国民的保育機関でなければならない」との立場から，満４歳以上を保育する施設はこれを「国民幼稚園」に統合し，満５歳児の保育を義務制とすることなどの幼児教育制度改革を提唱した。しかし，これらの改革要求は実現されることなく終わり，その課題は戦後に持ち越されることとなった。

　戦時下においては，勤労家庭や出征軍人の幼児を保護する必要から幼稚園，託児所の強化が要望された。しかし，戦争の激化は幼稚園教育自体を困難にし，各府県では幼稚園の戦時託児所への転換や休園措置をとるところも次第に多く

なった。1944年になると、休園あるいは廃園する幼稚園が相次ぎ、大都市では空襲の被害を避けるために幼児の「疎開保育」も行われた。

5　戦後の幼児教育改革とその後の発展

　1946（昭和21）年8月、教育刷新委員会が内閣に設置され、戦後の教育改革の方針が審議された。幼児教育改革についても議論がなされ、そこで倉橋惣三は幼保の年齢別一元化と5歳児保育の義務制の提案を行った。そして、1947年1月の第18回総会では「幼稚園を学校体系の一部とし、それに従って幼稚園令を改正すること。尚五才以上の幼児の保育を義務制とすることを希望する」との方針が採択されたのである。これにより、幼稚園は1947年制定の「学校教育法」において学校の一種として制度化された。しかし、幼保の年齢別一元化については文部省と厚生省の調整がつかず見送られ、戦前の託児所は「児童福祉法」（1947年制定）によって児童福祉施設のひとつとして、保育所の名称で制度化された。その結果、幼稚園は文部省、保育所は厚生省の所管となって明確に二元化された。また、それまで幼児の保育にあたるものを一律に「保姆」とよんでいたが、法制化に伴って、保育者の名称も幼稚園は「教諭」、保育所は「保母」となり、その養成・資格も別立てとなった。

　その後、幼稚園と保育所は二元化したまま発展を続け、就園率も年々高まっていった。そうしたなかで、幼稚園と保育所の関係が問題にされるようになり、1963（昭和38）年10月には、文部省初等中等教育局長と厚生省児童家庭局長の連名による共同通知「幼稚園と保育所の関係について」が出された。そこでは幼稚園と保育所は設置の目的・機能を異にするが、保育所の保育は教育と不可分であり、保育所の幼稚園該当年齢児については幼稚園教育要領に準じて保育すること、また保育所の措置児の決定は厳正を期し、保育に欠ける幼児以外は幼稚園に入園させることなどが確認された。

　1971（昭和46）年6月、中央教育審議会は「今後における学校教育の総合的な拡充整備のための基本的施策について」と題する答申を出した。幼児教育については、①早期才能開発を企図した先導的施行としての幼児学校の設置、②

公私立の適正配置と父母の経済負担軽減のための財政措置，③希望する5歳児全員の就園のための幼稚園の拡充と公的財政援助の強化，などが示された。このうち幼児学校構想は教育に差別と選別をもたらすものとの強い批判を受けて実施には移されなかった。その後，文部省では中教審の答申にもとづいて幼稚園教育振興計画要項を発表した。これは1972年度を初年度として10年間に希望する4・5歳児すべてを幼稚園に就園させようとするもので，国庫補助の増額や低所得者層に対する保育料の減免制度，私立幼稚園に対する補助金制度を実施して幼稚園の整備に努めた。その結果，1981（昭和56）年には5歳児の就園率は全国平均で66.4％となり，5歳児の幼稚園・保育所の就園率はあわせて90％を越す状況となった。

　このように幼稚園と保育所は制度的に二元化したまま発展を遂げ，現在では幼稚園と保育所の5歳児の就園率は95％に達している。しかし，その一方で少子化の進行や共働き家庭の一般化に伴う保育ニーズの多様化により，幼稚園と保育所のあり方の再検討が求められるようになっている。また，地域によっては収容定員に満たない幼稚園，保育所も現れ，それは自治体の財政難に拍車をかけている。こうした状況を踏まえて，1998（平成10）年3月，文部省と厚生省は「幼稚園と保育所の施設の共用化等に関する指針」を出し，さらに2006（平成18）年10月には「認定こども園」の制度をスタートさせて，幼稚園と保育所の一体的運営を可能にした。文部省でも1997年以降，幼稚園における「預かり保育」事業を推進して，保育ニーズの多様化に対応しており，そうしたなかで幼稚園と保育所の実態的な差異は小さくなっている。

　幼児教育をめぐる状況は時代とともに変化し，問題は複雑多岐にわたっている。幼保の一元化は現在，政策課題として注目を集めているが，ほかにも幼稚園・保育所と小学校の連携，地域の子育て支援センターとしての幼稚園・保育所機能の拡大，幼児教育の無償化など，課題は数多く残されている。どのような教育が幼児期の子どもの発達にとって望ましいのか，教育と福祉の双方の視点からの抜本的な見直しが必要となっているといえよう。

> 考えてみよう
>
> ① 日本において幼稚園と保育所の二元化がどのような歴史的経緯のもとに成立したのか，考えてみよう。
>
> ② 現代の幼児教育の根底にどのような幼児教育思想が流れているのか，考えてみよう。

【引用参考文献】

「フレーベル会建議案（上）」，1908，『教育時論』第831号．
「保育者代表協議会の状況」，1925，『幼児の教育』第25巻第5号．
倉橋惣三，1931，「就学前の教育」『岩波講座教育科学』第1冊，岩波書店．
日本保育学会編，1975，『日本幼児保育史』全6巻，フレーベル館．
文部省編，1977，『幼稚園教育百年史』ひかりのくに．
湯川嘉津美，1997，「大正期における幼稚園発達構想―幼稚園令制定をめぐる保育界の動向を中心に―」『上智大学教育学論集』第31号．
湯川嘉津美，1999，「倉橋惣三の人間学的教育学―誘導保育論の成立と展開―」皇紀夫・矢野智司編『日本の教育人間学』玉川大学出版部．
湯川嘉津美，2001，『日本幼稚園成立史の研究』風間書房．

第3章 「人間関係の基礎」を培う幼児教育

岩立 京子

1 はじめに

　人は人と人との間に生まれ，人とかかわりながら生きていく社会的な存在である。人が生きるということは，人との絶え間ないかかわりを通して，他者と自己が共によりよく生きるために折り合いをつけながら，自己実現していくことである。人間関係は人が生きる限り，生涯続くものであるが，とりわけ，幼児期は，その後の人間関係の原型を形づくるという意味で重要である。

　生涯にわたる人格形成の基礎を培う幼児教育においては，これまでも幼児の人間関係がより豊かになるように援助や指導を行ってきた。「幼児教育」という言葉は，広義には家庭において親がするしつけや養育も，公的な教育機関としての幼児教育施設における保育や教育も含まれる言葉であるが，ここでは，後者の意味で用いることにする。幼児教育は周知のとおり，幼児期の発達の特徴をふまえ，幼児がよりよく発達し，学ぶことができる遊びや生活を通した総合的な指導を行うものである。その保育内容は，5つの領域に分けられ，人間関係は，そのなかの重要な領域のひとつに位置づけられている。幼児教育においては，従来より，他の学校段階の教育以上に人間関係の基礎を培うことを重要なねらいとしてきている。人との日々のかかわりが充実するように，また，入園直後から修了まで長い見通しのなかで，より豊かな人間関係が形成されるように，そして，その人間関係が幼児のさまざまな発達を支えるように，具体的な環境を構成し，援助や指導を行ってきた。入園直後の他者との出会い，安

心感をもとにした自己の表現から，活動の共有，共有に伴う楽しさやうれしさ，そして，一見，ネガティブに見える対立やトラブル，そこから生じる葛藤やくやしさ，かなしさなどの感情の共感経験や，そういった出来事への対処，さらには，学級のメンバーとしての他者への援助や協力をしたときの心地よさや高揚感，達成感などを伴う経験まで，発達に応じた経験を重視してきたといえる。

しかしながら，近年，幼児の育ちについて問題が指摘されるようになり，そのなかでも人とのかかわりや人間関係にかかわる育ちの問題がクローズアップされるようになった。本章では，幼児期の人間関係の今日的問題について触れ，それらが浮かび上がってきた経緯やその原因，そして，それらの問題に対して幼児教育はどのように対処することをめざすのかについてみてみよう。

2 人間関係の育ちの問題

(1) 子どもにみられる人間関係の育ちの問題

今日，子ども同士が直接触れ合い，遊び，学び合う機会が失われ，人間関係が希薄化してきたといわれている。小学4年生から中学3年生2243名を対象とした「低年齢少年の価値観等に関する調査」(総務庁，2000) の結果によれば，小中学生をコミにしてみた場合，5人に1人の子どもが「人は信用できない」，「人といると疲れる」と回答しており，およそ3人に1人が「自分が満足していれば人が何と言おうと気にならない」「腹が立つとつい手が出てしまう」「小さなことでイライラすることが多い」と回答していた。このように，人間関係やそれにもとづく行動調整の問題は，どの学校段階にもみられるが，幼児期というかなり早い段階からそういった問題の芽と思われるような姿がみられる。幼児の人間関係の問題を象徴するようなH男の事例をみてみよう。

【「うるせえんだよ，おめーら」 4歳児5月】
　　H男は4歳児クラスに入園直後は集団のなかでは目立たず，保育者が気になる子として意識することはなかった。入園後，1ヵ月を過ぎる頃から，H男の行動は激変してきた。H男は保育者の言うことを無視したり，従わなかったり，自分のほしいおもちゃを使っている子どもがいると，「これもいただき」「こいつもい

ただき」と次から次へと奪ってしまい，相手が抵抗すると，額に青筋をたてて，「これはオレのだ」「なんだよー，ばかやろう」と怒鳴り，相手を突き飛ばしたりするようになった。保育者がH男をあわてて抱き留めて，「取っちゃダメ，それは，M君が先に使ってたんだよ」と注意すると，「とってなんかねえよっ！ これはオレのだ，オレが先に使ってたんだ」「なんだよ，ばかやろう，お前なんか，黙ってろ」と，すごい剣幕で怒り，保育者をたたいたり，蹴飛ばそうとしたり，ものを投げたりした。保育者は，H男に対してどう対応してよいかわからず，呆然としてしまう。保育室の他の子どもたちは，その光景に立ちすくみ，保育室じゅうが凍り付いたような雰囲気に包まれた。H男は知的には理解力が高いが，相手の思いに対する共感性は低く，自分の思いを強引に押しつけたり，思い通りにならないと，他児をはげしく攻撃し，自分の気持ちや行動をコントロールできないようであった。

　H男は，4歳から入園したが，当初は，自分らしさを表現せずに，緊張して過ごしていたが，園生活に慣れるに従い，自分の思いを他者に強くぶつけてきた。H男は，他者の考えや思い，園の決まりに気づかなかったり，あるいは気づいても無視したり，ものを奪ったり，相手への配慮や尊重が欠けていたりなど，規範意識や道徳性の問題，共感性の欠如，自己抑制や行動のコントロールなど，人間関係にかかわる発達に問題があるように思われた。

(2) 幼児期の人間関係の問題

　幼児の発達の問題についての一般的な傾向は，多くの保育者との情報交換や，マスコミによる報道の内容やその頻度，アンケート調査を用いた実態調査などから推測することができる。それらの資料からみると，このような問題はH男に限ったことではなく，より広くみられることがわかる。
　平成17（2005）年の中央教育審議会答申「子どもを取り巻く環境の変化を踏まえた今後の幼児教育の在り方について」の参考資料として引用された熊本県就学前教育振興対策協議会による「子どもの育ちに関する現状」の調査結果（p.32）を見ると，子どもの人間関係の育ちの問題として，自己中心的な行動，コミュニケーション能力の不足，規範意識の低下，自制心の欠如などについて，以前より増加したと考える幼稚園長・保育園長が多いことがわかる（図3-1〜

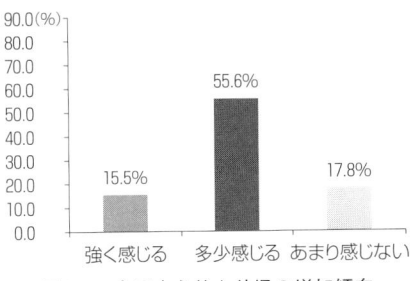

図3-1　自己中心的な幼児の増加傾向
強く感じる 15.5%　多少感じる 55.6%　あまり感じない 17.8%

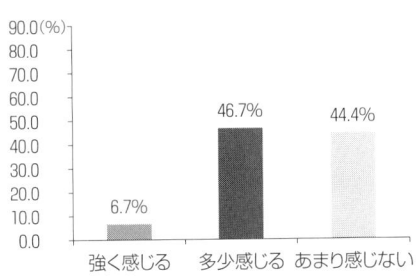

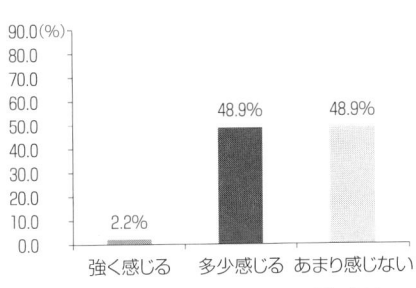

図3-2　コミュニケーションが取れない園児の増加傾向
強く感じる 6.7%　多少感じる 46.7%　あまり感じない 44.4%

図3-3　規範意識のない園児の増加傾向
強く感じる 2.2%　多少感じる 48.9%　あまり感じない 48.9%

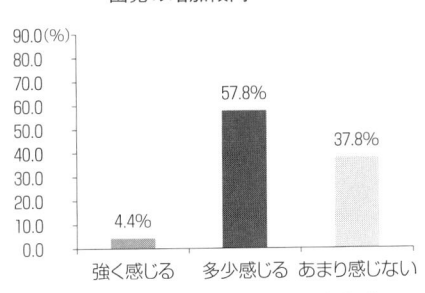

図3-4　自制心のない園児の増加傾向
強く感じる 4.4%　多少感じる 57.8%　あまり感じない 37.8%

3-4参照)。また，山形県内でベテラン保育士110名に子どもの育ちの問題を尋ねた研究（曽根・村上，2009）においても，自己中心的，独占欲が強い，人とのかかわりが苦手，決まった子としか遊べない，思いやりの気持ちが育っていない，乱暴な行動，人の話を聞けない，規範意識の低下など，子どもの人間関係の発達の問題が上位に上がっている。これと同様の結果は，都道府県の教育委員会その他の多くの組織による調査研究などで得られている。

(3) 幼児期の育ちの問題が着目された経緯

　幼児の育ちの異変は，1990年代後半の「小1プロブレム」の報道をきっかけに，議論が巻き起こり，社会に広く認識されるようになったと考えられる。それ以前にも，散発的に事例が報告されていたのだろうが，「小1プロブレム」が人々に与えた衝撃は大きかったといえる。「小1プロブレム」とは小学校に入学したばかりの1年生の学級において「集団行動がとれない」，「授業中に座

っていられない」，「教師の話を聞かない」などの状態が数カ月間継続し，学級が機能しなくなる状態をいう。この小1プロブレムは1998年にテレビのドキュメンタリー番組で報道され，それまでは担任教師が閉ざされた学級のなかで悩み，苦しんできた実態が白日の下にさらされ，全国の家庭や学校に衝撃を与えた現象である。

　小1プロブレムの原因については，小学校の立場からは，自由遊びのなかで，子どもを放任している幼児教育が，自分のことしか考えない「自己チュー児」を生み出しているという批判がなされ，幼児教育の立場からは幼児期に比較的自由な環境のなかで主体的に学び，自ら探求する幼児を育てているのに，小学校で机と椅子に幼児を固定し，一斉的な教師中心の教育を行うから，子どもは混乱してしまうのではないかなどの批判が生まれ，双方が原因を押しつけ合う事態に陥った。この相互批判を契機として，幼児期の人間関係やその他の育ちの問題が浮き彫りにされ，それぞれの段階での教育の在り方が問い直されたり，学校教育において学びや発達の連続性をふまえる重要性が再認識されるようになった。

　以上のように小1プロブレムという現象が社会一般に認識されたことをきっかけに，人間関係にかかわる子どもの育ちの問題も浮き彫りにされはじめたといえるが，次節では，それらの問題の背景にある要因をみてみよう。

３　幼児の育ちの異変の原因

(1) 幼児の育ちの異変の背景にある社会の問題

　子どもの育ちの問題の背景は多様である。しかし，大きく考えれば，今日の社会のあり方，それとかかわる家族のあり方，保育や教育のあり方や，それらが互いに関連し合って生じる原因が考えられる（図3-5参照）。

　今日の社会は急激に変化しつつあるが，少子化，核家族化，都市化，情報化などの言葉で特徴づけられている。合計特殊出生率は2010年で1.27であり，子どもの数は減り，子をもつ家族については，親と子のみの世帯である核家族が増えている。このような社会状況のなかで，子ども同士が集団でかかわり，時

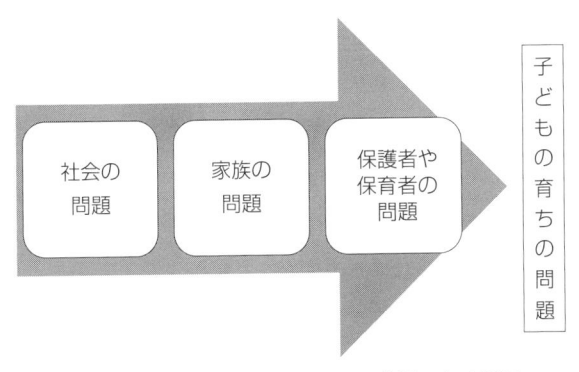

```
社会の     家族の     保護者や      子
問題       問題       保育者の      ど
                      問題         も
                                   の
                                   育
                                   ち
                                   の
                                   問
                                   題
```

図3-5　子どもの育ちの問題とその背景にある要因

に葛藤したり，互いに影響し合って活動する機会が減少したり，地域における地縁的なつながりの消失によって人間関係が希薄になったり，過度に経済性や効率性を重視する傾向や大人優先の社会風潮などの状況がある。このような今日の社会のあり方が，子どもが実際に人とかかわり，人間関係を築きながら，育ち合っていくことをむずかしくしているといえる（中教審答申，2005）。

(2) 保護者の問題

　一方で，このような社会のあり方は，そのなかで生活している家族，特に保護者のあり方にも影響を及ぼす。子育ての孤立化や情報過多による親の育児不安や情緒不安定，子育てに夢を抱きづらい状況，過重な労働等の子育てへの影響などが考えられる。このような育児不安は昔と比べて，高くなっているのだろうか。図3-6は，1980年と2003年にそれぞれ大阪と兵庫でほぼ同内容の項目で調査し，およそ20年間に子育ての実態がどのように変化したかを見た大規模調査の結果の一部を示している（原田，2006）。「イライラ感」は子育てストレスの症状のひとつであるが，1歳半と3歳半で，いずれも育児でイライラすることが多い母親の比率が高まっている。他の質問とのクロス集計では，「イライラ感」の高い母親は罰を使う傾向が高いことも示され，虐待との関係も示唆されている。しかし一方では，この調査のなかで，「子どもをかわいいと思うか」や「子どもと一緒にいると楽しいか」という質問には，90%前後の母親が「は

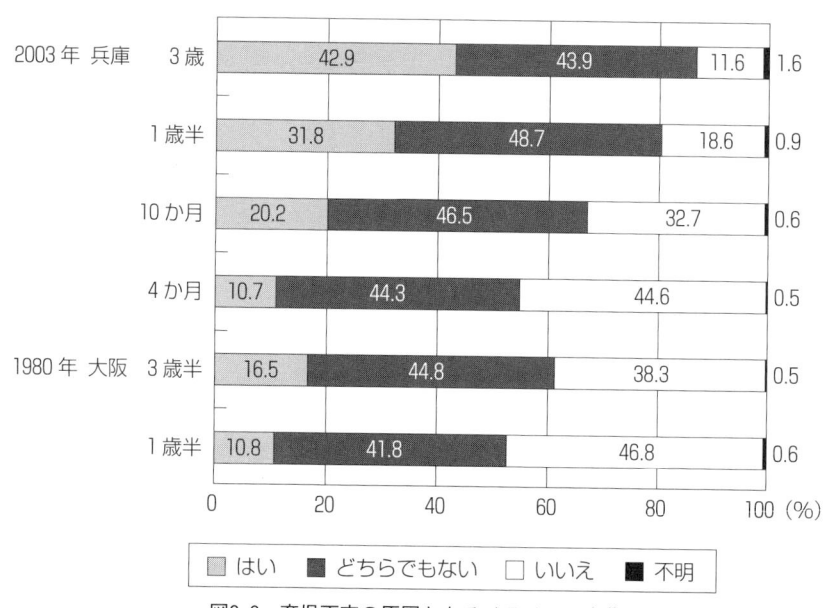

		はい	どちらでもない	いいえ	不明
2003年 兵庫	3歳	42.9	43.9	11.6	1.6
	1歳半	31.8	48.7	18.6	0.9
	10か月	20.2	46.5	32.7	0.6
	4か月	10.7	44.3	44.6	0.5
1980年 大阪	3歳半	16.5	44.8	38.3	0.5
	1歳半	10.8	41.8	46.8	0.6

図3-6　育児不安の原因となるイライラの変化
出所）原田，2006，p20

い」と答えており，多くの母親は子どもに対するプラスの感情をもって子育てしており，精神的に健康でありながら，子育ての実際にストレスを感じざるをえない状況であることがわかる。今日，家庭の教育力の低下が指摘されるが，このような育児ストレスやイライラ感が年々，高まっており，それが，経済的な問題や親の育ちの未熟さに加えて，家庭の教育力の低下につながっている可能性は高いと考えられる。その結果，幼児との愛着関係が不安定になったり，すべきしつけがなされず，その結果として，幼児が，他者に対する信頼感や，人として大切なこと，規範などを学ぶ機会を逸しているのではないだろうか。

(3) 保育者・教師の育ちや専門性の問題

　一方，幼稚園等施設の保育・教育のあり方をみると，このような急激に変化する社会において，家庭や地域社会の教育力の低下等の課題に対応するために，保育者は十分な資質・専門性を高めてこなかったのではないか，あるいは，今

日的な社会状況のなかで育った保育者に多様な体験が欠けていたり，保育を構想し，実践する能力や保護者との良好な関係を構築する能力も不足しているのではないかといった指摘もある（中教審答申，2005）。

　子育てにかかわる社会，家族，保育者・教師の問題など，マクロな観点から原因についてみてきたが，これらやその他の要因が相互に影響しあって，子どもの育ちの問題を生み出したり，増幅させたりしていると考えられる。このように子どもたちの育つ環境が失われがちな今日にあって，幼児教育への期待はますます高まっている。

4　幼児の人間関係の発達にふさわしい幼児教育

(1) 幼児教育施設における子どもの人とのかかわりと人間関係の発達

　幼児教育施設は，保育者・教師の援助，指導のもと，同年齢あるいは比較的近い年齢の幼児が集団で生活し，遊び，学ぶ場である。幼稚園等施設において，幼児は，教師や友だち，その他，多くの人と出会い，多様なかかわりをしていく過程で，自己を発揮し，さらに，個々の子どもの自己の育ちが，集団の活動を豊かにしていく。このような人とのかかわりや関係のなかでの自己の発揮は，話を聞いて知的に理解することで可能になるわけではなく，日々，具体的なかかわりを経ながら，長い期間を経て，形成されていく。図3-7は，幼稚園で人とのかかわりが育つ過程を，今日的な教育課題のひとつである「協同して遊ぶ」という観点から描いたものである（全国国立大学附属学校連盟幼稚園部会，2010）。

　幼稚園入園から修了までの集団との関係のなかでの自己形成の過程が3つの期から示されている。それらは，第Ⅰ期「初めての集団生活の中で様々な環境と出会う時期」，第Ⅱ期「遊びが充実し自己を発揮する時期」，第Ⅲ期「人間関係が深まり学び合いが可能となる時期」である。「共同」が同じ場，活動，イメージなどをある程度，共有することを表すのに対して，「協同」というのは，人間関係の深まりに応じて，目標を生みだし，それを実現し，達成感を味わう，そして，気に入った友だちだけでなく，グループや学級のなかでの役割を意識したりするなど，より質の高い経験を意味している。図3-7の下の部分には，

発達の時期	第Ⅰ期 初めての集団生活の中で様々な環境と出会う時期	第Ⅱ期 遊びが充実し自己を発揮する時期	第Ⅲ期 人間関係が深まり学び合いが可能となる時期
協同して遊ぶようになる過程・経験内容	○同じ場で見たり触れたり行為を模倣したりする ○場を共有し，つながり合う気分を味わう ○イメージの世界に浸り，感情を共有する ○友達の存在を，好意をもって受け入れようとする ○友達のしていることを感じながら，個々の遊びを楽しむ	○場やものを共有し，友達とかかわって遊ぶ楽しさを知る ○イメージや考えを伝え合い，表現する楽しさを味わう ○葛藤を乗り越え，友達と一緒に遊びをつくりだす ○友達と刺激し合いながら，自分の世界を広げる ○体験を深め，学級の友達と遊びの楽しさを共有する	○目的を共有し，友達と相談しながら遊びを進める ○新しいアイディアや遊びのルールを生みだす ○グループや学級の中で，役割を意識して取り組む ○友達のよさや持ち味を感じながら，目的を実現し達成感を味わう ○様々な人とのかかわりの中で刺激を受けながら，自分の見方や考えを広げる

入園 → 修了

第Ⅲ期にかかる範囲: 協同する経験
第Ⅱ期〜第Ⅲ期: 協同の基盤となる経験
第Ⅰ期〜第Ⅱ期: 共同する生活の経験

図3-7 協同して遊ぶようになる過程
出所）全国国立大学附属学校連盟幼稚園部会，2010，p35

子どもたちの具体的な姿が示されている。第Ⅰ期で，生活を共に，一人ひとりが安心して過ごせるようになる「共同する経験」を重ねていくと，第Ⅱ期では楽しさを経験する一方で，対立やトラブル，葛藤などが必然的に生じることになる。そういった一見，ネガティブな経験も，教師が傍らにいて，それぞれの子どもの，それぞれの状況に応じて，ある時はくやしい気持ちに共感し，なぐさめ，ある時は積極的に励まして，問題解決に向けて共に進んだりするなど，専門性を発揮しながら，援助，指導していく。そのような過程を経て，子どもたちは，人と人とのかかわりや関係においては対立や葛藤などのトラブルはあるが，それらに対して，自己をコントロールすること，問題解決に向けてのさまざまな試みをすることの意義やそれができたときの達成感や満足感，うれしさなどを体験的に学んでいくのである。

　このような一人ひとりの子どもらしさの発揮とそのぶつかり合いに対する教師の専門的な指導があって，第Ⅲ期の「協同」に向かっていく。この段階では，子どもは学級の仲間の特性をある程度，理解するとともに，道徳性や規範意識，学級やグループの仲間意識や役割意識などがある程度，芽生えてきており，集団生活をそれらを基盤として営むようになる。これらの関係をもとに，さらに「こうしたほうがいいね」といった自分たちの目標を見いだし，その実現に向けて歩もうとするようになる。このように，幼児教育は幼児期の発達過程を理解し，長い見通しで，生活，発達や学びの連続性をふまえた専門的な教育を行っていく。幼児教育は他の施設や学校と連携しながら，以前よりは，はるかに乳児期，幼児期，そして，小学校入学後の長い見通しのなかで，それぞれの接続期の教育を充実させるようになってきている。

(2) 人間関係の基礎を培う幼児教育における今後の課題

　幼児教育においては当然のことながら，入園期間を通して，発達や学びの連続性を保証することがめざされている。保育園が0歳から就学前まで子どもを保育するのに対して，幼稚園は典型的には3歳から5歳の3年間の保育・教育を行うことになる。しかし，今日，家族の多様化は進んでおり，本来，乳児や幼児期初期に経験していることが望ましい養育者との安定した基本的信頼感や

愛着関係が未形成であると思われる事例も多くみられるようになった。

たとえば，養育者に対する基本的信頼感や愛着関係は，生後直後より発達し始め，生後1年である程度，形成され，その後は，親は，子どもの不安を解消する安全基地として機能したり，親の意図と子どもの欲求がぶつかり合うなかで，子どもが少しずつ自分の欲求や意図をコントロールできるように援助する役割を担ったりする。このような親と子のかかわりを経て，子どもは3歳になる頃までには，親の気持ちを理解したり，その気持ちに合わせて，少しはがまんできるようになったりする。しかし，今日の多様な家族においては，幼稚園入園前の親子の愛着関係の形成や学びには大きな個人差がある。入園前に親子間で愛着関係がある程度安定しているかどうかは，入園後の子どもの発達に大きな影響を及ぼす。また，入園後の子どもの発達も，家庭からの影響を受け続けることになる。

そこで，幼児教育においては，今日的課題として，さまざまな地域，さまざまな家族，保護者の置かれた状況を理解し，家庭や地域とより一層，連携しながら，これまで以上に質の高い教育をめざしていく必要がある。そのために，保育者には，保護者に対してカウンセリングマインドをもってかかわり，子育てや親自身の発達の支援を行っていくことが求められている。

また，他の専門家と協働しながら，問題への対応をしていくことも今後，より一層，重視されてくるだろう。今日の国際社会にあって，また，家族のライフスタイルが変化している今日，民族や文化，家族の多様性は高まっている。その多様性に応じる教育がこれまで日本では，行われにくかったように思われる。母国語が日本語以外の子どもや家族，障害をもつ子どもやその他の気になる個性をもつ子どもと家族，生活スタイルや価値観が多様な家族で育つ子どもなど多様な子どもと家族に対して，そのニーズにあった質の高い教育をより一層，実現していくことが求められる。

(3) 生活，発達や学びの連続性をふまえた幼児教育

今，幼小の接続や，幼小中の連携などが学校教育の今日的課題のひとつとなっている。これは，子どもの生活，発達や学びの連続性を保証するために，こ

れまで，別個に営まれがちであった幼児教育施設と小学校間で，交流活動をしたり，互いの施設を知ったり，教育の目標やねらい，指導法などをつないだりしながら，子どもが安心して学びつづけられるようにすることである。人間関係の観点からいえば，幼児期から児童期への移行期には，安全基地であった教師も，仲間も変わり，子どもにとっては大きな生活の基盤が失われることになる。今まで，力を発揮できていた幼児は，場や人間関係が変われば，力を急に発揮できなくなることも多い。新たな場をできるだけ慣れ親しんだ空間と同じようにしたり，教師が幼児教育の専門性を身につけ，幼児期の特徴をふまえてかかわることができたら，子どもは教師を信頼し，心を開き，また，自信をもって力を発揮していくことになろう。この意味で，幼稚園における環境と，小学校における環境への移行期の学びを連続させるためにも，教師には子どもとの信頼や愛着の関係の構築が求められている。

　本章では，人間関係の基礎としての幼児期，幼児期にみられる人間関係の問題とその背景，そしてそれらをふまえて，幼児期の人間関係をより豊かにしていく幼児教育の今日的アプローチについて述べた。人間関係の基礎としての幼児期の教育を担う保育者・教師は，保護者や地域とともに，専門性を活かしながら，豊かな人間関係を幼児に保証していくためのさまざまな改革に着手している。

考えてみよう

① 子どもの育ちの異変の背景にある要因にはどのようなものがありますか。

② 子どもが互いに自分の思いを主張し，対立や葛藤が生じたとき，自分の考えや気持ちを自ら主張したり，抑制するようになるには，どのような関係が誰と形成されていることが望ましいでしょうか。

【引用参考文献】

全国国立大学附属学校連盟幼稚園部会，2010，事例集「協同して遊ぶことに関する指導の在り方」．
総務庁，2000，「低年齢少年の価値観等に関する調査」大蔵省印刷局．
曽根章友・村上智子，2009,「ベテラン保育士が捉える子どもの育ちの変化(1) ―3歳児以上の場合―」『山形短期大学紀要』Vol.41．
中央教育審議会中間報告，2005,「子どもの取り巻く環境の変化を踏まえた今後の幼児教育のあり方について」参考資料．
原田正文，2006,「Ⅰ章1　日本社会の変化と子育て」蒲原基道・小田豊・神長美津子・篠原孝子編著『幼稚園・保育所・認定こども園から広げる子育て支援ネットワーク』東洋館出版社．
文部科学省，2008,『幼稚園教育要領』フレーベル館．

第4章 「遊び」と「学び」

榎沢 良彦

1 はじめに

　幼児教育では遊びを通して子どもが学ぶことを大切にするといわれる。確かに，素朴に考えても，幼児は毎日遊んでいてもそれなりに成長していくのだから，子どもは遊びを通して学ぶといえるように思われる。その一方で，小学生になると，「遊んでばかりいないで勉強しなさい」といわれる。どうも素朴な通念として，遊びは学びにつながらないと思われているようである。このような矛盾は，「遊ぶ」ということがどういうことであるのか，「学ぶ」ということがどういうことであるのか，そしてその両者がどのような関係にあるのかが明確に認識されていないことに起因すると思われる。そこで，本章では，遊びと学びの意味について考察することで，幼児教育における遊びの意義について明らかにしたい。

　上記の問題について考察するに当たっては，具体的な遊びの出来事に即していきたいと思う。そこで，以下に，子どもたちと筆者との間に生じた出来事を遊びの例として紹介しておく。

　【エピソード：魚釣りやアリ捕りに興じる子どもたちと筆者のかかわり】
　　4歳児クラスの子どもたち。すでに子どもたちはいろいろな遊びを展開している。私の近くで，3人の男児が床に座って遊んでいる。そのなかのひとりであるK夫が笑顔で私に話しかけてくる。魚釣りをしているので私に見に来るようにと言うのだ。3人は，洗濯ばさみを魚に見立て，割りばしの先に輪ゴムを

付けた竿でその魚を釣っている。K夫は生き生きとして，魚の釣り方や，釣り上げた魚がピアノの上に置いてあることなどを私に話してくれる。私は「なるほど，そうやって釣るのか」「むつかしいな」等と応える。K夫は私に一緒に釣りをするように勧めたりと，しきりと働きかけてくる。他の子どもも魚を釣り上げると，「ほら」と言って私に見せる。私は，子どもたちが上手に釣っているのに感心し，「あっ，うまい。うまい」と思わず応える。

　T子はヨーグルトの空き容器に捕まえたアリを入れている。彼女はそれを私に見せに来る。そして，自分でアリを捕まえたことなどを私に話す。T子が「クモみたいなアリ」と言うので見ると，確かにクモに似ている。私は「本当だ。クモみたいだね」と応える。T子は外に行ってアリを捕まえては私に見せに来る。

　トンボ捕りをしていたS夫は私たちのところに来て，私に「何してるの？」と聞く。私が「魚釣りをしているんだよ」と教えると，「どうやって釣るの？」とさらに聞く。「これが釣り竿だよ」と教えてあげると，S夫は魚釣りを始める。そのうち，S夫が「先生，ほら」と言って，竿をくるくると振り回してみせる。洗濯ばさみがうまく輪ゴムに引っかかっており，外れずに回転するのだ。私は驚いて，「あらっ，うまく回るね」と感心する。

2　遊びにおける子どものあり方

(1) 主体と主体の関係を生きる

　通常，遊びにおいては「遊び相手」が存在する。そして，遊ぶ者は遊び相手との間に，相互的な応答を展開する。

　遊び相手同士が相互的な応答を展開するということは，両者が主体的な存在としてかかわり合っていることを意味する。もしも，両者の関係が「主従関係」であるなら，従属する立場の者が，その遊びにおいて楽しさや充実感を覚えることは困難である。つまり，遊んでいるとはいえない。なぜなら，両者のかかわりが遊びであるためには，両者がともに楽しさを感じ，それを共有できているのでなければならないからである。楽しさを共有できるのは，両者が自分の発想や考えを自由に表現でき，相手の表現に自ずから応答することが成り立っていることによる。実際に，子どもたちが共同で遊んでいる時には，自分の考えを主張したり，相談したり，相手のアイデアを取り入れたりしながら意欲的に行動している。

エピソードにおける子どもたちと筆者は遊び相手同士の関係である。T夫にしろ，K子にしろ，意欲的に魚釣りやアリ捕りをしているし，筆者に対して能動的に働きかけている。そして，自由に思ったことを言葉にしている。まさに彼らは主体として生きている。そして，彼らに応じている筆者も彼らとのやりとりを楽しんでおり，自分の思いを率直に表現している。やはり，筆者も主体として生きている。
　このように，人が自分の発想や考えを自由に表現するという仕方で生きている時，その人は一人の「主体」といえる。それゆえ，遊び相手同士は「主体と主体の関係」を生きているのである。

(2) 創造的に生きる
　遊びにおいて，遊び相手同士は互いに応答し合う。その応答は，相手の働きかけに型どおりの反応をするというように，単に相手の期待に合わせた反応をするだけではない。むしろ，相手の期待を越える応答をすることがしばしばあることが重要である。遊びにおける応答の特質は，予想を超えた応答が展開するところにあるのである。かかわり合う者同士が予想を超えた応答をするからこそ，新しいことが生まれてくるのである。つまり，遊びにおいて子どもたちは創造的に生きているのである。
　たとえば，エピソードにおいて，S夫は魚を釣り上げた竿をくるくると振り回してみせた。これは筆者にとって全く思いもよらない行為であった。S夫がとっさに思い立った新しい遊びである。そして，彼の発想があまりにも見事であったので，筆者は感心してしまったのである。ここでは，S夫は新しい遊び（ものとの新たなかかわり方）を生み出したという意味で，創造的に生きているといえるのである。
　このように，事態が創造的に展開するのは，子どもたちが主体的に環境にかかわっているからなのである。子どもたちは与えられるものを単に享受するというように受け身の姿勢で存在しているのではなく，自分自身の発想で環境を活かすというように，能動的に存在しているのである。それはまさしく，主体として生きていることにほかならない。遊びにおいて，子ども自身が主体とし

て存在していることが，創造性を生み出すのである。

③ 体験を通しての学び

（1）幼児の学び方

　人間の知的発達は質的に異なる段階を経て進むことがピアジェにより明らかにされて以来，それは定説となっている。ピアジェ（Piaget, J.）によると，乳幼児期においては，子どもは実践的行動を通して感覚的，体験的に思考する（ピアジェ，1968，pp.12-17, 33, 43）。実際に乳幼児期の子どもは，生活のなかで絶えず身の回りの環境にかかわり，それらを使ってみている。そうすることで，子どもは生きるために必要なことを理解し，身に付けている。たとえば，繰り返し試みることを通して，歩くことを実践的に身に付ける。身の回りにあるものの意味や機能（たとえば，鉛筆は字を書く道具であり，どのように使うのか）も，人の真似をして自分も使ってみることで理解する。そして，身の回りのものには名前があり，それは文字というものに表すことができることを理解する。

　このように，乳幼児期の子どもは実際に行動し，環境にかかわることで身の回りに存在するものの意味や機能を体験的に理解し，それらにかかわる技術を身に付けるのである。つまり，理屈や理論からではなく，体験を通して学ぶのが幼児の学び方なのである。

　このことは，幼児は理屈はわからなくても，実際に行動できるようになることを意味する。そして，それはさらに"実感をもってわかる""腑に落ちてわかる"ことを意味する。なぜなら，繰り返し環境にかかわることで"こうするとうまく行く"ということを身体感覚で納得できるからである。たとえば，泥団子を作る際の水加減や力の入れ加減などは，何度か団子を作るうちに感覚的にわかるようになる。そして，しだいに上手に団子が作れるようになるのである。しかしながら，幼児は団子の作り方を言葉でうまく説明できるわけではない。体験を通して得た知識や技術は，言葉で説明できなくても，子ども自身の身体に染み付いているので，実際に行動で表すことができるのである。体験を通して学ぶとは，そのような知識や技術を身に付けるということである。

(2) 体験から学びへ

　幼児は生活のなかで体験を通して物事をよく学んでいるのだが，そもそも「体験」とは何だろうか。『広辞苑』には，「経験」について以下のように説明されている。

> 人間が外界との相互作用の過程を意識化し自分のものとすること。
> 感覚・知覚から始まって，道徳的行為や知的活動まで含む体験の自覚されたもの（新村出，1998，p.815）。

　つまり，体験とは私たちが外界との間で相互作用を行っている過程自体のことである。そして，外界との相互作用により生じる出来事や現象を諸感覚をもって感じ取り，認識し，いろいろな思いや考えが生み出されていく過程である。わかりやすくいえば，体験とは私たちが外界とのかかわりにおいて絶えず生じていることに一喜一憂し続けることである。それは，"今，私に起きていることに注意を向け続けること""今を生き続けること"である。「経験」は，そのような体験を私たちが振り返り，自覚したものである。そして，体験から学ぶということは，体験を自覚すること，体験が経験に変わることにより起きるのである。

　体験を自覚することは特別な努力を要することではない。日常，私たちは自分の体験したことを容易に思い出したり，人に話したりする。素朴に自分自身を振り返ることは，普段私たちがしばしば行っていることなのである。これが体験を経験に変える作業のひとつなのである。もちろん，過去を振り返り反省するというように，自分の体験をしっかり見つめ深く考えることは，より積極的に自分のなかに経験を作りだす作業である。

　幼稚園の生活のなかで子どもたちはさまざまな体験をしている。それらが子どもにとって印象深いものであったり，強く心を動かされたものであるなら，子どもは自ずからそれを思い出す。また，子どもたちは似たようなことを何度も体験する。たとえば，何日にもわたってトンボ捕りの体験をすることもある。また，積み木で家などをつくる体験は，園生活のなかで何度も繰り返されるものである。このような場合には，過去の体験が思い出され，参照されることに

なる。こうして，子どもたちは体験を振り返り，徐々に自覚するのである。

　大人のように子どもが自分の体験を熟慮反省することはむつかしい。しかし，思い出すことは容易である。その繰り返しにより，子どもは学ぶことができるのである。そして，子どもが容易に思い出す体験は，強く心を動かされたものである。環境とのかかわりで心を動かされるのは，子どもが環境とのかかわりに熱心になるからである。つまり，遊びに夢中になるからである。それゆえ，子どもたちが体験から豊かな学びを得るためには，何よりも遊びが充実したものとなることが大切なのである。

(3) 主体的な学び

　これまで述べてきたように，遊びにおいて子どもは主体的に生きているといえる。主体的に生きることが子ども自身にさまざまな体験をもたらしている。そして，その体験から子どもは何かを学び成長していく。この「体験から何かを学ぶ」という営み自体，子どもが自分の体験を自ら振り返ることによっている。つまり，それは主体的になされていることである。遊びにおける体験を重視することの意義は，この「子どもが主体的に学ぶ」というところにあるのである。

　本来，「学ぶ」ことの意味は，単に知識が増えることではない。新たな知識や技術を習得することを通して，その人自身が内面的に変わり，周囲の人々や環境に対してこれまでとは異なるかかわり（新たなものの見方や考え方，人への接し方など）ができるようになることである。つまり，その人自身が変わるということである。このように人が変わるためには，能動的に物事を体験し，そこで体験したことを自分のなかに取り入れ，定着させようとする意志が必要である。すなわち主体的に生きることが必要なのである。このようにして主体的に学んだ時，私たちは自分が成長したことを実感できるのである。

　遊びにおいては，子どもたちは能動的に環境にかかわり，自らさまざまな体験を積み，学んでいく。遊びのなかで子どもたちが主体的に学んでいるゆえに，子どもたちは確実に変わる（成長する）のである。

4 遊びにおける体験

(1) 生きている世界の多様性を体験する

　第2節において，遊びにおいて子どもは創造的に生きることを述べた。子どもが創造的でありえるのは，子どもに対して環境が多様な姿を見せてくれるからでもある。つまり，子どもの主体性により環境が多様な姿を見せる一方，逆に環境により子どもが触発され，創造性を発揮するというように，子どもと環境は互いに影響し合っているのである。

　たとえば，エピソードにおいて，S夫は園庭でトンボ捕りをしていた。この時，S夫は園庭を「虫が棲息する環境」として体験していたといえる。トンボだけではなく，園庭は"バッタ""ダンゴムシ""ミミズ"など，生き物がいる環境でもある。子どもたちは虫捕りに興じることを通して，園庭を「虫の棲息する環境」として体験するのである。ときには，子どもたちは，小さな花が咲いていることに気づいたり，ドングリなどの木の実が落ちていることに気づくこともある。この時，子どもたちは園庭を「植物の生きている環境」として体験するのである。このように，園庭というひとつの環境に関しても，子どもたちはそれがいろいろな側面をもっていることを遊びのなかで知るのである。

　またS夫は魚釣りをしているうちに，竿を回すことを始めた。これは，釣り竿の形状に刺激されて，彼が思い立った遊びである。この行為のなかで，S夫は"割りばし"と"輪ゴム"と"洗濯ばさみ"からなるひとつの道具について体験しているのである。

　このように，子どもたちは遊びのなかでさまざまな興味・関心を抱く。それらは子どもたちが周囲の環境に特定の意味を見いだす視点となる。たとえば，エピソードでの魚釣り遊びでは，洗濯ばさみを魚に見立てていた。つまり，子どもたちは「洗濯ばさみ」に「魚」という意味をもたせたのである。これも，ひとつのものが多様な意味をもちえることを体験することにほかならない。

　こうして，子どもたちは遊びのなかで周囲の環境やそこに存在するさまざまなものがいろいろな側面や意味をもちえることを体験するのである。それは，

子ども自身の生きている世界が多様な意味を有していること（多様性）の体験である。

（2）子ども自身の世界が変わる

　前項で述べたように，遊びにおいて子どもと環境は相互に影響を与えあっている。子どもは環境にかかわることにより，内面に何らかの影響を与えられるのである。つまり，環境によって子どもは驚きや感動，喜び，悲しみ，憤りなど，さまざまな感情・情動を引き起こされるのである。遊びにおける体験はこのような感情・情動と一体となった形でなされるのである。

　体験と共に感情・情動が引き起こされている場合，第3節で述べたように，私たちは実感をもってわかることができる。そして，そこで体験されたことは容易に忘れ去られてしまうような価値の軽いものではなく，私たちのなかに残るような大きな意味をもったものである。何かが私たちのなかに残るということは，私たち自身がそれまでとは違うもののとらえ方・見方，感じ方，考え方，わかり方ができるようになるということを意味する。そして，それが実際の行動に反映され，これまでとは異なる生き方をするようになることを意味している。つまり，生きている世界が変わる，ということなのである。

　たとえば，エピソードで，Ｔ子は自分でアリを捕まえたことを筆者に話し，何度もアリを見せに来た。Ｔ子にとっては，自分でアリを捕まえられたことが非常に嬉しい体験であったことがわかる。この体験のなかで，Ｔ子はアリをよく見ただろう。それはアリについての認識を深めることになったと思われる。さらに，アリを探すことを通して，土，草むら，園庭全体，園舎などを"アリがいるかもしれないところ"としてとらえ直したと思われる。それは，園の環境に対して，Ｔ子がこれまでとは違う見方をすることができるようになったことを意味する。

　魚釣り遊びでは，子どもたちは輪ゴムで洗濯ばさみを釣り上げるという難しい行為に挑戦していた。子どもたちは洗濯ばさみを釣り上げることに苦労する。うまく釣り上げたときには，嬉しい気持ちが湧いてくる。こうして魚釣り遊びに興じることで，子どもたちは輪ゴムで洗濯ばさみを釣り上げるこつを身体感

覚的に身に付ける。それは環境に対する身体の使い方を身に付けることである。つまり，環境に対してこれまでとは異なるかかわり方（環境と身体の関係のもち方）が可能になるということである。

このように，子どもたちは遊びにおいて，周囲の環境の見え方が変わったり，環境に対する新たなかかわり方が可能になっていく。こうして，子ども自身の生きる世界がより豊かなものへと変わっていくのである。

5 遊びにおける学び

(1)「遊び」と「学習」

これまで，「遊びにおける体験を通して子どもたちは学ぶ」ということを述べてきた。このことから，人は「遊び＝学習」という短絡的な発想をするかもしれない。確かに，子どもにとって遊びは重要な学習の機会ではあるが，遊びと学習は同一ではない。そのことを十分に理解しておく必要がある。そこで，まず両者の違いを明確にしておきたい。

「学習活動」は，学びたいことがあり，それを学ぶことを目的とした活動である。つまり，「目的を達成するために行う活動」である。目的を達成するために活動をする場合には，私たちはまず目的を設定し，そこに到るまでの手順や段取りを決め（計画を立て），その手順に従って行為していく。その際，できるだけ無駄をしない効率性が重視される。そして，活動の結果として目的がどの程度達成されたか（成果）が問題とされる。もしも，目的がほとんど達成できなかったとしたら，その活動は失敗であったと評価される。つまり，目的を達成するために行う活動は常に「成功か失敗か」が問題にされるのである。

一方，遊びは目的を達成するために行う活動ではない。したがって，遊びが終了した時点で，その成果（遊びが成功であったか失敗であったか）が問題となることはない。つまり，遊ぶ者は遊ぶこと自体を楽しんでいるのであり，遊ぶこと自体が目的なのである。たとえば，エピソードで子どもたちは魚釣り遊びをしていた。子どもたちは，何かの目的を達成するための手段として魚釣り遊びをしているわけではない。単に，魚が釣れるか釣れないかを楽しんでいるだ

けである。子どもたちには，魚釣り遊びが終わるまでに「〜のことを達成しよう」という目的があるわけではないのである。それゆえ，魚釣り遊びが終了するとすれば，それは目的が達成されたからではなく，子どもたちが十分に楽しんだからであり，その遊びに飽きたからなのである。

　遊びには目的がないということは，遊ぶ者は遊び相手や遊び道具（環境）との相互的なやりとりに引き込まれ，それに興じているということを意味する。つまり，遊ぶ者は遊び相手や遊び道具との戯れに身を任せているのである。したがって，遊びのなかには計画性も効率性も存在しないのである。それゆえ，魚釣りをしていたＳ夫が突然釣り竿を回して遊びだしたように，遊びの内容は遊びの最中にどのようにでも変わっていくのである。

　以上のように，遊びと学習は相反する特質をもっているといえる。学習は目的を達成するために計画的に・効率的に行うものであるのに対して，遊びは非計画的に・非効率的に，時間を忘れ相手や環境と戯れることである。したがって，「遊び＝学習」ではないのである。

(2) 結果として学ぶ

　上記の説明で，遊びは学習ではないことが明らかになった。では，遊びにおいて子どもたちは学ばないのかというと，そうではない。子どもたちは遊びにおいて確かに何かを学んでいるのである。ただし，遊びにおいては子どもたちは創造的に生きており，遊びそのものが計画的ではなく，容易に変わっていくものである以上，子どもたちが何を学ぶかは，事前に決まってはいないのである。また，子どもたちが共同で遊んでいる場合において，子どもたちの学ぶ内容は，その遊びの体験において，各自がどこに最も注目するのかにより，異なったものとなるのである。

　たとえば，エピソードの魚釣り遊びにおいて，子どもたちは洗濯ばさみの魚を輪ゴムの釣り糸に引っかける要領やこつを身に付けると思われる。ところが，Ｓ夫は突然思いついて，釣り竿を回し始めた。このとき，Ｓ夫は遠心力を体験することになるが，これは，いわば偶然の体験であり，事前にＳ夫が体験しようと思っていたことではない。

また，一緒に魚釣りをしていた子どもたちは魚を釣り上げると筆者に見せに来た。子どもたちの何人かにとっては，筆者の賞賛する応答がより嬉しい体験となったかもしれない。他の子どもたちにとっては，筆者の応答よりも仲間と一緒に魚釣りをしたことがより嬉しい体験となったかもしれない。前者の場合には，自信と誇りを得るだろう。後者の場合には，仲間意識が高まるだろう。

　このように，遊びにおいて子どもたちが学び，身に付けることを保育者が事前に決めることはできないのである。子どもたちは結果として何かを学ぶのであり，それは子ども自身に掛かっているのである。もしも保育者が遊びにおける子どもの学びを完全に掌握しようとするなら，それは遊びではなく，学習活動に変質することになるだろう。その場合，体験の多様性は減少する。遊びは第三者に統御されていないゆえに，子どもに多様な体験をもたらしてくれるのである。それゆえ，保育者には遊びそのものを変質させることなく，子どもの学びを発展させ，深めることが求められるのである。

(3) 言葉によって豊かな世界を作る

　第4節で述べたように，遊びは子どもに多様な体験をもたらしてくれる。そして，第3節で述べたように，私たちは体験を振り返り，自覚することで何かを学ぶことができる。この時，私たちは，自分の学びを言葉に表現することができる。体験を言葉に表現することを「体験の言語化」というのだが，体験を言語化することにより，私たちは自分の生きている世界（さまざまな出来事や現象など）を明確に認識することができる。そして，それを知識として他者に伝え，共有することができるのである。

　一般的に，言語は物事を明確化する働きをもっている[*1]。私たちの身の周りにあるものには，たとえば"カップ""箸""服""ペン""花"などと，名称が付いている。名称が付いていることにより，私たちはそれらをそのようなものとして，他とは区別して明確に認識することができている。また，これまで知られていなかったものが新たに発見されると，私たちはそれに名称を付ける。名称を付けることで，私たちはそれが私たちの世界に存在することを意識する。このようにして，私たちは言葉により私たちの世界のなかにさまざまなもの（さ

まざまな意味と言い換えてもよい）を存在させ，意味の豊かな世界を形成していくのである。このことは事物だけではなく，私たちの体験についてもいえることである。体験したことを言語化することにより，私たちは自分の体験の意味を明確に認識することができるのである。それが学びを確かにすることにつながるのである。

　子どもたちは園生活において，自分の体験を言葉にして伝え合う。その交流が子どもたちの世界を意味の豊かなものにしてくれるのである。たとえば，エピソードにおいてT子は捕まえたアリを「クモみたいなアリ」と表現した。アリとクモを結びつけることで，T子はイメージ世界を豊かにしている。そして，それを筆者に伝えることで筆者自身のイメージ世界も豊かになった。

　このように，園生活のなかで交わされる会話は，子どもたちが豊かな世界を自分のものにしていくうえで，重要な働きをしているのである。

(4) 表現された意味の源泉を豊かにする

　上述のように，遊びのなかでの体験を言葉で表現することにより，子どもたちは学びを確かなものとし，豊かな世界を築いている。しかし，それは体験を振り返り，自覚し，言語に表現するという，いくつかの段階を経てのことである。子どもたちは自分の体験をすべて言語化しているわけではない。言語化され明確なものとされる体験は体験全体のうちの一部にすぎない。言語化された明確な学びの根底には，不明確で曖昧な体験が横たわっているのである。

　振り返られ，とらえ直されていない体験であっても，その体験において私たちはさまざまなことを感じたり理解したりしている。それら自体が体験の意味なのだが，とらえ直されていない分，それらは曖昧なものである。このような曖昧な体験の意味は「生きられた意味」（クワント，1972，p.64）というのであるが，この生きられた意味の方が，言語化された明確な意味よりもはるかに豊かである。生きられた意味が豊かに存在していることで，その上に明確な知識の世界が築かれるのである[*2]。

　また，生きられた意味は言葉に表現されるだけではない。私たちはそれを絵や音楽，身体表現など，いわゆる芸術に表現することもする。生きられた意味

は多様な方法で表現されることにより，私たちの生きている世界をより豊かなものにしてくれるのである。したがって，生きられた意味の世界が豊かであればあるほど，言葉や芸術などさまざまな方法で表現された意味の世界も豊かになりうるといえる。それゆえ，表現された意味の世界を豊かにするためには，その源泉としての多様な体験をすることが大切なのである。

　子どもたちは遊びのなかで絶えずさまざまな体験をしている。それらを言葉で伝えたり，造形的に表現したりして，明確なものにしていく。そのようにして，子どもたちは保育者の意図を越えて豊かな学びを得るのである。エピソードでの子どもたちは，筆者に魚の釣り方やアリを捕まえたことを教えたり，釣り竿を使った新しい遊び方を見せたりした。これらは，子どもたちが自分の体験や考えたことなどを言葉や行為で表現することである。さらに子どもたちは，その日の体験を基に，翌日さらにその遊びを発展させたり，友達に前日の遊びを話すかもしれない。そこには体験の振り返りも表現も含まれている。

　このように，園生活では，子どもたちが自分の体験を振り返ったり，それを他者に伝えることがしばしば起こるのである。その行為が学びを深めるのである。いまだ表現に到らない生きられたままの体験であったとしても，それらはいつでも明確な意味へと表現される可能性をもっている。その意味で，子どもたちは遊びのなかで常に潜在的に学んでいるのである。幼児期の教育においては，潜在的な学びを宿している遊びを充実させるとともに，子どもたちがさまざまな方法で自分を表現する意欲を育むことが重要なのである。

考えてみよう

① 子どもたちの遊びを観察し，そこでどのような体験と学びが生じているか考えてみよう。

② 遊びは学習活動ではないことを踏まえて，遊びのなかでの子どもの学びが豊かになるためには大人はどのような援助やかかわりをしたらよいか考えてみよう。

【注】

1　クワント（Kwant, R. C.）は言語について考察している（クワント，1972，pp.57-58, 63）。彼によると，人間は生きることにかかわって，世界のなかにいろいろな意味を見いだしているのだが，話す行為はそれらの意味を新たな仕方で存在させる。つまり，言葉により，意味が伝達可能になり，発展可能になるというのである。意味が伝達可能であるということは，意味が明確になったということにほかならない。

2　クワントは，曖昧な生きられた意味が言語により新たな形に表現されたものを「意義」と呼んで区別している（クワント，1972，pp.109-113）。

【引用参考文献】

クワント，R. C., 1972,『言語の現象学』（長谷川宏・北川浩治訳）せりか書房（原著，1965）．
新村出編，1998,『広辞苑　第五版』岩波書店．
ピアジェ，J., 1968,『思考の心理学』（滝沢武久訳）みすず書房（原著，1964）．

第5章 幼児期から児童期へ・学びをつなぐ

青柳　宏

1　はじめに：「学びをつなぐ」ための3つの課題

「幼児期から児童期へ・学びをつなぐ」ということが，なぜテーマになるのか。それは，ある意味で，幼児期の「遊び・学び」と児童期の「学び」がうまくつながれていないのではないか，という問題意識を多くの人々が共有するようになったからだろう。そして，2つ（幼児期，児童期）の時期の学びがうまくつながれていないという時，幼児期，児童期双方の側からのそれぞれの問題意識が交錯しているように思われる。

まず幼児期の側から見れば，幼稚園・保育所で育まれた子どもたちの自発性がうまく小学校においては生かされていないのではないか，という問題意識である。幼児期に子どもたちは自ら興味・関心をもって物事に取り組み，何かを発見したり，何かを自分自身のイメージに則してつくったり，また友達といっしょに物事に取り組んでいく態度を身につけたのにもかかわらず，そのような意欲・関心・態度が児童期の教育のなかで生かされていないのではないか，という問題意識である。さらに言い換えれば，小学校に入学した途端，子どもたちは教師の発する発問にだけ答えさせられたり，かなり強引に教師の指示に従わされたりするなかで，せっかく培った幼児期の自発性がほとんど生かされていないのではないかという危惧である。

これに対して，児童期の側から見た場合，どのような問題意識が提示されているのだろうか。たとえば，お茶の水女子大学附属幼稚園・小学校では，まさ

に幼児期から児童期への「学びをつなぐ」というテーマで共同研究が行われている。そして，その研究の過程で，小学校の教師から幼稚園の教師に対して，「幼稚園の子どもたちが，みんなで共通に体験したことは何であるのかを知りたい」という問題意識が示されたという（お茶の水女子大学附属幼稚園・小学校, 2006, pp.34-5）。このような問題意識は，お茶の水女子大学附属小学校に限らず，一般的なものであると思われる。そしてこのような問題意識が児童期側から提示される背景を推測してみれば，それは，幼稚園（あるいは保育所）から小学校に入学してくる子どもたち同士の関わり合う力が弱いのではないか，ということではないだろうか。みんなで共通の体験をもって，さらにそのなかで関わり合い，伝え合う力を育んでいくような援助が幼児期において十分にされているのだろうか，という小学校側からの問題意識を推測することができる。

またさらに児童期側から見た場合，汐見稔幸が指摘しているように，幼児期における「遊び・学び」のなかで，児童期以降の学びにつながっていくような「知的な学び」が本当に保障されているのかどうか，という問題意識があると思われる。言い換えれば，幼児期の教育においては「むしろせっかくの知的教育の機会を逃していることが意外に多い」のではないかということである（汐見, 2008, p.357）。幼稚園において，子どもたちは，確かに遊びを通して，自発性・自主性を育んでいるように思われる。しかし，その遊びの質が，児童期以降の「知的な学び」につながっていくようなものであるのか，ということであろう。積極的に言い換えれば，幼児期における「遊び・学び」の質をより知的なものにしていくことで，幼児期から児童期への学びをつなぐことができ，そのことで児童期以降の学びの質をさらに高めていけるのではないか，という問題意識である。

以上述べたそれぞれの問題意識を「学びをつなぐ」ための「課題」として整理すれば，次の三点になる。

①幼児期において育まれた自発性を児童期の教育のなかで生かしていくこと
②幼児期における「遊び・学び」をより協同的なものにして児童期へとつないでいくこと
③幼児期における「遊び・学び」をより知的なものにして児童期へとつない

でいくこと

本章では以下，上の3つ（①～③）の「課題」を意識しながら，幼児期から児童期へ「学びをつなぐ」ための考察を行いたい。

❷ 幼児期に育まれた自発性を児童期において生かす

(1)「ねらい」にしばられる小学校の教師

　子どもたちは，幼児期において，幼稚園，保育所などで，さまざまなモノや人に関わり，自ら何かをつくったり，何かを発見しようとしたりするなどの自発性を育んでくる。しかし，そのような自発性が児童期（小学校）の教育において十分に生かされているといえるだろうか。実際に小学校の授業の様子を観察してみると，子どもたちの自発性が生かされているとは思えない場面に出会うことも少なくないと思われる。

　たとえば，小学校1年生の生活科の一場面をとりあげてみよう。これは，筆者自身が参観した授業である。子どもたちは，すでに前時までに，「学校」のなかのさまざまな場所を「探検」してきている。上級生の教室，図書室，理科室等々である。そして，本時の課題は，「学校探検」で発見したものを友達に発表しよう，という課題である。授業がはじまると，教師は子どもたちに向かって，学校を探検していてどんなものを発見したのか手をあげて発表するよう促すことからはじめた。2人の子どもが発表した後，3人めの子どもが指されると，指されたその子は本当にうれしそうに立ち上がって，「ぼくは体育館に行ったんだけど，そこでは…」と話をはじめた。しかし，せっかくその子が生き生きと話をはじめたのにもかかわらず，教師はすぐに「はい分かりました」というように，その子の話を打ち切らせ，坐らせてしまった。

　もちろん，教師が生き生きと語り出した子どもを坐らせたのには理由がある。それは，2～3人の子どもにまず体験をそれなりに語らせた後で，本時の課題である「学校探検をして発見したことを文に書いて，それを友達に発表する」ために，「発表文の書き方の指導」を行わなければならなかったからである。言い換えれば，この一時間の授業の「ねらい（目標）」が，「発表のための正し

い文章表現が出来るようになる」ことであったからである。教師としては，「ぼく（わたし）は，〜で〜を見つけました。」という書き方をしっかりと指導するために，子どもの語りをゆっくりと聞く時間がなかったのである。

　このように，小学校の教師は，生活科の授業においても，その授業の「ねらい」にしばられているといえる。私は小学校の授業研究会に参加することが少なくないが，研究会のなかでは，実際に行われた授業に関して，「「ねらい」が明確であったかどうか」，「「ねらい」が達成されていたかどうか」が大変重視されている。もちろん，授業において「ねらい」が明確であり，また「ねらい」が達成されることは重要である。しかし，そのことに過度に執着するあまり，子どもの自発性を生かすことができなくなっているとしたらどうであろうか。授業において「「ねらい」を重視すること」と「子どもの自発性を生かすこと」をどのように両立させることができるかを具体的に，丁寧に考えていかない限り，この問題を解決することはできないと思われるのである。

(2)「自発性を生かす」視点から授業を再構築する

　授業において，「ねらい」と「子どもの自発性」の関係をどのように考えていけばよいのか，上に引いた「生活科」の授業場面に則して，具体的に考えてみよう。そこでは，この授業において重視されていたひとつの「ねらい（正しい文章表現ができるようになる）」と子どもの自発性を生かすことがある意味で対立する関係になっていた。その対立をどのように解決したらよいのか。具体的に，もし私が「教師」だったらとして考えてみよう。

　もし，私が教師であれば，生き生きと子どもが自分の体験を語りはじめたのならば，その語りを中断させることはないだろう。またさらに，その子の語りに触発されて，他の子どもも，その子のように生き生きと語ってくれることを願うだろう。自分の経験を生き生きと語る，そんな語りの連鎖が生まれてきたらと願うのである。

　なぜ私は，このように考え，また願うのか。それは，「正しい文章表現の指導をする」よりも，今この時に，生き生きと語り出す子どもの自発性を生かす方が，長い目で見て，子どもが自分が経験したことを振り返りながら他者に語

っていく力，他者の語りに共感しながら自らも経験をふり返り語っていく力，また，互いに語り合い聴き合う力を育んでいくことができるのではないかと考えるからである。さらにいえば，このように生き生きと自発的に語り，聴き合うことが，文を書くための重要な基盤を形成すると考えるからである（青柳，2010）。自発性を生かし，尊重することが，語る力，聴き合う力，文を書く力を育んでいく，という見通しのなかに位置づけられれば，その時間の「子どもが，正しい文章表現ができるようになる」という「ねらい」を過度に重視することはなくなるだろう。あるいは，「子どもの自発性を生かすことが，これまで以上に，諸々の力（語り，聴き，気付き，考え，書く力等）を育んでいく」という見通しをもてれば，一時間の授業の「ねらい」そのもの，また授業の組み立てを再構築していくことができるのではないだろうか。

　小学校の授業は，「ねらい」にしばられやすいと同時に，時に「発問主義」にも陥りやすい。子どもたちに投げかける「発問」を練り上げて授業に望むことは大切だが，教師によってつくられる「発問」は，子どもの「答え」を予測して考えられているために，子どもの「答え」の範囲を限定しているともいえる。また，その限定を超えて，子どもが自発的に独自の「答え」をいっても，その答えが授業のなかで真に生かされていくことは少ない。このような授業のあり方を見つめ直し，子どもの感性，認識を大切にしながら授業を構築していくことも課題として意識する必要があるだろう。

　また，授業に限らず，学校生活のなかでは，さまざまな問題・トラブルが起きてくる。その時に，教師がすぐに「こうしなさい」という形で指示を出すのではなく，子どもたちに「どうしたらよいと思うか」を考えさせ，またその考えを（可能な限りで）実践させていくことが大切である。すでに幼児期（5歳児）において，保育者の適切な援助があれば，子どもたちは，遊びのルールや生活上のルールを自ら考え，子ども同士で話し合い，実践することができるのである（青柳，1999，2002）。

　幼児期に育まれた「自発性を生かす」という視点から，授業を軸にした学校生活を柔軟に再構築していくことが，「学びをつなぐ」ために求められているのではないだろうか。

③ 幼児期の「遊び・学び」を協同的なものへ

(1) 自己発揮から自己抑制へ／自己発揮から協同へ

　冒頭で触れたように，児童期の側からの問題意識として次のことがあると思われる。すなわち，幼児期において一人ひとりの自発性・自主性が育まれていても，小学校のクラスのなかでともに学び合っていくために必要な関わり合い，伝え合う力が幼児期において十分に育まれていないのではないか，ということである。言い換えれば，一人ひとりが各自の興味・関心に則して物事を探求していく力が遊びのなかで育まれていても，他の子と協同していく力がそれなりに育まれていなければ，小学校に入学してから一斉授業，グループ学習，学校行事等に取り組んでいくことが難しいのではないか，ということである。

　上のような児童期側からの問いかけには，もっともなところもあるが，しかし一方で，幼児期の自発性（自己発揮）の育ちについての誤解があるとも思われる。それは，「幼児が自己発揮をするのにまかせたままでは，他者と経験を共有したり，また他者との関わりのなかで自己を抑制する力は育まれないのではないか」という誤解である。そしてこれが誤解であるのは，本来，遊びのなかで本当に自己が発揮できていればこそ，自己発揮から自己抑制への発達，さらに言い換えれば，自己発揮から協同への発達が可能になるからである。

　たとえば，積み木遊びをはじめた子どもは，自分の積みたいように積み木を積もうとする。しかし，積み木はその重さ，形状などによって，幼児の思うように積むことができないこともしばしばある。自分の思いを実現しようとすれば，モノの特性に合わせて，自分のイメージを修正したり，あるいは自分のイメージを修正したくなければ，イメージを実現できるような工夫をしなければならなくなる。このような過程において，子どもは自己を抑制することを学んでいく。また，幼児の発達の過程をみれば，いっしょにいてそれぞれの遊びをしている段階から，より積極的に他の幼児に関わって遊びたいという思いが育ってくる。そして，他者と遊びたければ，自分の思いをある部分では抑制することが必要になる。他者と関わりながら遊ぶことが一人遊びより面白いと直感

的に感じられるようになった幼児は，その思いが強ければ強いほど，自己発揮をしながら（他者に自分の思いをぶつけながら），自己抑制を学んでいくことになる。それゆえ無藤隆は，幼児期の自己発揮と自己抑制の関係について次のように述べている。

「自己抑制は，我慢することも含まれますが，それだけのことではありません。むしろ，やたらに自分を押さえつけてしまえば，本当の意味での自己抑制にならなくなってしまいます。そもそも自己発揮をさらに可能にし，よりよく実現できるようにするために，自己抑制はあるのです。」（無藤，2001，p.87.）。

児童期の側から，幼児たちにもっと共通の体験をもたせて欲しいということが求められるのは，そのような体験のなかで，他者と協力し，我慢する力を育てて欲しいということだろう。しかし，上にみたように，保育の営みとは，幼児が本当に自己を発揮して，さらに，よりモノや他者と関わり自己を実現していく過程のなかで自己を抑制していくことを援助するものである。したがって，まず児童期の側が，このような保育の営みについての理解をもつことは重要であり，このような営みを小学校低学年の教育のひとつの視点として生かしていくことも必要であろう。また，幼児教育に携わる者は，「自己発揮から自己抑制／自己発揮から協同」の発達が十分になし遂げられる保育のあり方を，これまで以上に探求することが課題である。

(2)「協同」のとらえ方をめぐって

上に述べたように，幼児期の「遊び・学び」が，協同的なものになっていくことは発達の筋道であるといえる。しかし，ここで幼児期における「協同」の意味するものをどのようにとらえるかについて改めて述べておきたい。

たとえば，「協同」をそのまま「協力」ととらえることも可能である。5歳児（特に後半）であれば，たとえば「○○パーティーを開いて，年中さん，年小さんに○○をごちそうしよう」と幼児たちに呼びかけ，○○パーティーを実現していくなかで，幼児たちは「協力」してひとつのことを実現していくことを経験できる。そして，このような経験は大切な経験であり，それを「協同的」と呼ぶことができるだろう。

しかしまた,「協同」を「協力」としてのみとらえきってしまうことには危惧も感じる。5歳児であれば,ひとつの目的を共有して,そのために協力することが教師の援助によって可能になるといえる。設定された環境のなかで,最初は意に反しても,協力することの喜び,自己主張と自己抑制のバランスを学んでいくことも必要である。しかし,ひとつの目的に向かって協力し合うために設定された環境のなかで,一人ひとりの幼児が本当に自己発揮ができているか,ということを疑う必要もあるだろう。

　宇都宮大学教育学部附属幼稚園の5歳児クラスのある事例を紹介しよう。クラスのなかでA君は,なかなか他の子どもたちといっしょに遊ぶことができない子どもである。しかし,5歳児の9月,運動会に向かうなかで,障害物競走のコースの「しかけ」のなかに「サボテン」を置きたいとA君は先生に言う。担任の前原由紀先生は,このA君の願いを何とか形にしてあげたいと,A君といっしょに「サボテン」づくりに取り組みはじめる。しかしここで前原先生が考えたことは,A君の思いを実現させたいということと同時に,A君と他の子どもたちの関係性を育みたいということである。しかしまた先生は,自分とA君がふたりで取り組んでいるその場のなかに,他の子どもたちを呼び入れてしまうと,(それまでのA君と他の子どもたちの関係を考えれば) 必ずA君はその場から出て行ってしまうだろうと考えた。そこで先生は,自分とA君が「サボテン」づくりに取り組んでいる「隣」に,ふたりの活動に興味をもった子どもたちが同様の「しかけ」づくりに取り組める環境をつくった。すると,他の子どもたちも,A君がつくろうとしているものや,またA君が言った「しかけ」という言葉にも惹かれ,障害物競走の「しかけ」づくりに取り組みはじめたのである。そして,このようななかで,A君と他の子どもたちは,少しずつ関係性を育んでいくことができたという。

　しかし,A君と他の子どもたちの間にできた関係性は「協力」関係ではない。相変わらず,A君は自分自身のイメージをマイペースに追求し続けたし,そのようなA君のつくるもの(あるいはアイデア)を,他の子どもたちは障害物競走の「しかけ」としては受け入れることができずにA君に文句を言うこともしばしばあった。しかしまた,このような関係性のなかで,以前に比べれば,明

らかにＡ君はその存在が他の子どもたちに認められ，他の子どもたちはＡ君の出すアイデアの面白さを感じることができるようになったという。またＡ君も，自分の思いを他の子どもたちに伝えようとしはじめたという。

このように，5歳児であっても，その「協同」のあり様は，「他者のやっていることに興味をもつ」，「他者のアイデアを素直に取り入れることができる」，「他者の個性（持ち味）を感じ取ることができる」等の多様な関係性を示すものである。一人の子どもと他者をゆるやかにつないでいく保育者の援助が，疎外・差別を超えて，子どもが他の子どもの存在を真に感じ取っていく関係性を育んでいく。またそのような援助は，一人ひとりの子どもに則して，それぞれの子の自己発揮と他者受容の接点をさぐる試みであるといえる。幼児期における「協同」という概念を，「協力」を含み込みながら，子どもが他の子どもの存在（持ち味）を受け入れ，感受性と認識の広がりと深化を実現していく概念としてとらえたいと思う。

4　幼児期における「遊び・学び」をより知的なものへ

(1) 幼児期における知的な「遊び・学び」とは

「幼児期における知的な「遊び・学び」とは？」という問いは，実は問いそのものが「おかしい」ともいえる。なぜなら，幼児期の「遊び・学び」こそが，まさに本質的な意味で「知的」なものだからである。幼児は，遊びのなかで自らの五感を通して，何かを「不思議だな」と感じたり，「きれいだな」と感じたり，またさらに「どうしてこうなっているんだろう」と考えたり，「そうか，こうなっていたのか」と気づいたりしている。大人（教師）に，何かの仕組みを言葉や図で説明されて理解するのではなく，まさに自らの五感を通して，感じ，考え，疑問をもち，納得もしていくのである。それゆえ，遊びのなかのこのプロセスが，本質的な意味でもっとも知的な学びのプロセスであるといえる。だから，「遊び」は「学び」なのであり，「遊び・学び」なのである。

このように，「遊び・学び」は「すでに（もともと）」知的なものである。それゆえ，課題となるのは，まずは保育者が幼児の遊びが「知的なもの」である

ことを改めて実感し直すこと，そしてそのうえで，その遊びがより知的なものになるよう援助していくためにはどうしたらよいかを考えていくことであろう。

児童期の側から，幼児期の「遊び・学び」をより知的なものに，という問題意識が出される時，幼児期の「遊び・学び」がそもそも「知的なものである」ことが十分に理解されていないこともあるように思われる。それゆえ，幼児期の「遊び・学び」が「知的な」ものであることを見つめ直すと同時に，そこから児童期（小学校）における「学び」が真に「知的なもの」になっているかどうかを問い直す必要もあるだろう。

ところで，秋田喜代美は，「幼児の知のいとなみの展開」を「五感を通しての出会い→知的な好奇心・関心の喚起→関わる→見出す・気づく・考える→挑む・表す→たしかめる・振り返る」ということの往還過程としてとらえている（秋田，2000, p.31）。「往還」とは，たとえば「五感を通しての（モノとの）出会い」はまさに「知的な好奇心を喚起する」が，喚起された好奇心ゆえに，さらに五感を通してモノを感じようとする，そのような往還である。幼児の知のいとなみは，たとえばひとつの「法則」を理解し，確かめることで終わるのではなく，確かめることが，また新たな出会い，好奇心の喚起につながるかもしれない。大人からは時に「気まぐれ」と見える幼児の遊びには，知のいとなみの展開の多様な往還があるととらえるべきだろう。そして，このことを十分にふまえたうえで，幼児の遊びをさらに「知的」なものへと援助していくことが求められているのである。

(2) 知的な「遊び・学び」を援助することの難しさと可能性：レッジョ・エミリアの幼児教育が示唆するもの

たとえば，幼児にとって，さまざまなモノの「影」は不思議なもののひとつである。しかし，大人は，子どもが影を見つめて感じていることを見過ごしてしまい，時に「物の影ができるのは当たり前」という意識で，子どもたちに関わってしまってはいないだろうか。イタリアのレッジョ・エミリア市（Reggio Emilia）の幼児教育実践は世界的に有名であるが，そこには，たとえば「影」を見つめている子どもの感性についての深い理解がある。その幼児教育実践の

創始者といわれるローリス・マラグッツィ（Malaguzzi, L.）は，子どもが感じている「影」の魅力について次のように語っている。

「影の魅力は，明るさと暗さのどこか狭間にある世界の持つ魅力です。その空間は，争いをきらい，おだやかな思慮深さをたたえています。子どもが大好きな特質がそこにあります。」（レッジョ・チルドレン，2001，p.118）

また，マラグッツィは，子どもたちが影を好むさらなる理由について，次のような子どもたちの言葉（子どもが自発的に教えてくれたものの一部であるとして）を引いている。

「影はそこにあるけど，つかまえられないんだ」「その影の形は一つだけど，あと何百もあるんだよ」「人について回るみたいだけど，気が向いたときだけなのさ」「自分の都合で出たり引っ込んだりするんだよ」「影は，夜の一部だけど，昼の一部でもあるのよ」，「僕たちがからだのなかにいつも持ってるもので，それが僕たちの足から出てくるんだよ」，「太陽のせいで朝生まれて夜になると死んじゃうの」等々。

上の子どもの言葉をみれば，子どもたちが影を感じているなかには，科学的な認識の芽も，またファンタジーの要素もあることがわかる。レッジョ・エミリアの幼児教育が世界的に注目されているのは，このようにまず子どもの感性を深く理解し，そこから実践をはじめていることにあると思われる。レッジョの子どもたちは，スカートを広げたり，側転をしたり，二人で飛び上がったり，縦に並んだり等々しながらそれぞれの影と遊んでいる。そして，それぞれの動きから生まれたそれぞれの影を絵に描いてもいる。また，影の上に小石をたくさんかぶせたり，シーツをかぶせたりしても，影が「隠れない」ことを発見している。また，地面に紙を置いてその上に映し出されたモノの影をペンでなぞったり，その他にも実にさまざまなやり方で影と遊び，さらにさまざまな探求と表現を行っているのである（レッジョ・チルドレン，2001，pp.118-129）。

このようなレッジョ・エミリアの実践が示唆するように，子どもの「遊び・学び」をより知的なものにするための保育とは，何かの知識を教えたり説明したりすることとは全く違う。まず子どもの感性と認識のあり様を深く理解したうえで，その感じ方・理解をさらに深めていく援助が求められているのである。

また，知的な興味・関心を深めていくためには一斉保育のような方法には無理がある。ひとつのテーマについて興味・関心を共有できる少人数での「協同的な学び」をそこかしこに育んでいく，というイメージが必要だろう。一人ひとりの関心に則して，子どもの感性と認識をさらにゆたかな「遊び・学び」に広げ，深めていく援助の難しさと可能性がそこにはあると思われる。

5 まとめ：ともに3つの課題を追求すること

冒頭において，幼児期から児童期へと「学びをつなぐ」ための3つの課題を提示した。すなわち，①幼児期において育まれた自発性を児童期の教育のなかで生かしていくこと，②幼児期における「遊び・学び」をより協同的なものにして児童期へとつないでいくこと，③幼児期における「遊び・学び」をより知的なものにして児童期へとつないでいくこと，である。一見すると，これらの課題は，①は児童期（小学校）側に問われていること，そして②と③は幼児期側（幼稚園，保育所）に問われていることとして提示されている。しかし，実は，これら①～③の課題は，幼児期と児童期の双方に，同様に，問われていると考えるべきである。

すなわち，①については，幼児期の教育においても，本当に子どもたちの自発性を生かした保育を行っているかどうかが改めて問われるべきであろう。「小学校教育への速やかな適応」，「幼児期からの知的な学習の必要性」等の名のもとに，「自己発揮から自己抑制へ」という発達の道筋を踏み外して，一方的に我慢を強いる指導や，また真に知的であるとはどういうことかを問わずに，知識を「教える」保育が実践されてしまってはいないだろうか。人間形成の基礎としての，自発性を育む保育の意義を再度，深くとらえ直すことが求められている。

また②について，子どもたちの関係性を協同的なものにしていく援助は，幼児期だけではなく，児童期の教育においても，まさに問われるべきことであろう。幼児期において協同的に他者と関わる力を育んできたにもかかわらず，小学校以降の授業では他者と関わって学びを深めていく過程が実質的には弱いた

めに，協同性の育ちが児童期において途絶えてしまっていることも少なくないと思われる。

また③についても，子どもの「学び」をより知的なものにしていくことは，まさに児童期においても同様に問われているといえる。先に引いた秋田の「五感を通しての出会い→知的な好奇心・関心の喚起→関わる→見出す・気づく・考える→挑む・表す→たしかめる・振り返る」という「知のいとなみ」とその往還は，生活科，総合学習だけでなく，可能な限り，教科の授業においても大切にされるべきである。児童期の教育は，ややもすると，子どもの「知のいとなみ」を援助することを忘れ，結果として子どもの知性を育めずにいることがあるのではないだろうか。

このように，「学びをつなぐ」ための3つの課題は，幼児期，児童期の双方がともに問われるべきものであり，実は互いが「自分の足下」を見つめ直すことからはじまるともいえるだろう。

考えてみよう

① 子どもたちに無理矢理に協同的な関係をつくるよう促すのではなく，自然に協同的な関係を育んでいくためにはどのような援助をしたらよいのだろう？

② 幼児期の知的教育と児童期の知的教育の共通点は何か？　また異なる点はどのようなところか？

【引用参考文献】

青柳宏，1999，「幼児期から児童期への教育：「ルール」と「共同体」への誘い」小田豊・無藤隆・神長美津子編著『新しい教育課程と保育の展開：幼稚園』東洋館出版社．
青柳宏，2002，「暮らしがはぐくむ共同性・協同性・主体性」宇都宮大学教育学部附属幼稚園著『幼稚園の「暮らしづくり」と教育課程』明治図書．
青柳宏，2010，「「言語活動の充実」のために：L.S. ヴィゴツキーの言語発達論に則して」『宇都宮大学教育学部紀要』第60号第1部．
秋田喜代美，2000，『知をそだてる保育―遊びでそだつ子どものかしこさ―』ひかりのくに．
お茶の水女子大学附属幼稚園・小学校，2006，『子どもの学びをつなぐ―幼稚園・小学校の教師で作った接続期カリキュラム―』東洋館出版社．

汐見稔幸，2008，「日本の幼児教育・保育改革のゆくえ：保育の質・専門性を問う知的教育」泉千勢・一見真理子・汐見稔幸編著『世界の幼児教育・保育改革と学力』明石書店．
無藤隆，2001，『知的好奇心を育てる保育―学びの三つのモード論―』フレーベル館．
レッジョ・チルドレン著，2001，『子どもたちの100の言葉―イタリア／レッジョ・エミリア市の幼児教育実践記録―』（田辺敬子・木下龍太郎・辻昌宏訳）学習研究社（原著，1996）．

第6章 「小学校との連携」その現状と課題

神長 美津子

　幼稚園や保育所における生活と小学校の学習や生活とでは大きな差異がある。幼稚園や保育所などで行われる幼児期の教育では，幼児が遊びや生活のなかで主体的に活動することを通して発達に必要な経験が得られるという「環境を通して行う教育」を基本とし，幼児の意識の流れに沿ってゆったりとした1日の園生活だが，小学校教育では，教科等の学習が中心となり，時間割にもとづいた学校生活となる。

　最近の子どものなかには，こうした幼稚園や保育所などの生活と小学校の生活や学習の違いから，うまく小学校生活をスタートできない子どももいる。いわゆる，「小1プロブレム」である。このため，現在，幼児期の教育から小学校教育への円滑な接続を図ることを目的として，積極的に幼保小の連携に取り組んでいる地域や学校園も少なくない。

　本章では，幼児期の教育と小学校教育との連携に係るこれまでの取り組みと現在の到達点，さらにこれからの展望と課題について論述する。

1 これまでの「小学校との連携」

　1947（昭和22）年に学校教育法が制定され，幼稚園が学校教育のスタートとして位置づいて以来，子どもの生活や遊びを中心とする幼児期の教育と，時間割にもとづいて教科等の学習を中心とする小学校教育とをいかにつないでいくかは課題となっており，これまでもさまざまな取り組みがなされてきた。ここでは，学校教育としての幼稚園教育の転換期となった3つの事柄にそって，こ

れまでの小学校との連携について振り返ってみる。

(1)「領域」の導入

　1956（昭和31）年幼稚園教育要領は，学校教育としての幼稚園の教育課程の考え方を示したものであり，それにより幼稚園教育は大きく変わった。特に，小学校教育との一貫性をもたせることから，幼稚園の教育内容において「領域」という考え方が導入されことの意味は大きい。幼稚園の教育内容を6領域（「健康」「社会」「自然」「言語」「絵画製作」「音楽リズム」）に分けて示し，教育内容の構造化を図った。もちろん，「領域」と教科は異なり，幼稚園における具体的な指導は小学校の授業とは全く異なるが，「領域」で示された内容は，やがては教科等の学習内容につながるものとされている。

　この1956（昭和31）年幼稚園教育要領では，遊びを通して総合的に指導することを前提として，幼稚園修了までに幼児が経験する内容を明確にし，意図的な教育を行う学校教育としての幼稚園を示した。「領域」を設定したことにより，一部の幼稚園では小学校と同じく時間割を作成して具体的な指導が行われるようになってしまったという誤解も生まれ，生活や遊びを通しての総合的な指導に混乱をもたらしたと言われているが，長期的な視点からみると「領域」の設定は，小学校教育との一貫性を図るうえで必要なものであった。

(2)「生活科」の設置

　1989（平成元）年改訂小学校学習指導要領では，小学校に「生活科」が設置され，幼稚園教育から小学校教育へのステップが低くなった。すなわち，自発的な活動である遊びは幼児にとって重要な学習であり，幼稚園では遊びを通しての総合的な指導が行われ，それを受ける形で，小学校低学年には，児童の興味・関心や生活にそって学習内容を構成する「生活科」が設置された。生活科設置のねらいは，幼稚園教育で重視する直接的・具体的体験を通して学ぶという幼児の学習の姿をとらえ，小学校低学年においても直接的・具体的な体験を重視した学習活動を展開することで，児童の学習意欲を喚起し，それ以降の教科等の学習の基盤をつくることである。

小学校における生活科設置と連動して，1989（平成元）年改訂の幼稚園教育要領では，第1章総則に「1．幼稚園教育の基本」が示された。すなわち，幼稚園教育は，環境を通して行う教育を基本とし，それに関連して重視する事項として，①幼児の主体的な活動を促し，幼児期にふさわしい生活が展開されるようにすること，②幼児にとって遊びは重要な学習であることから，遊びを通しての総合的な指導をすること，③幼児一人ひとりの特性に応じ，発達の課題に即した指導を行うこと，が示された。「幼稚園教育の基本」は，学校教育のなかで幼児期の教育は，教科等の学習が中心となる小学校以降の教育とは異なり，幼児期の発達の特性を踏まえ，独自性をもつことを示すものである。
　幼稚園において「幼稚園教育の基本」が示され，小学校低学年において「生活科」が設置されることにより，幼児期の教育における幼児の興味や関心にそった活動から，生活科における児童の興味や関心をいかした学び，さらにそれ以降の時間割にもとづいた教科等の学習への移行の道筋ができた。すなわち，幼児期と児童期の発達の段階に応じた教育を行いつつ，その中間に「生活科」を設置することで，教科等の学習へのゆるやかな流れを確立することができたといえる。

(3) 幼児教育の拡大と幼保小の連携の推進

　1989（平成元）年の幼稚園教育要領改訂後，前述の「小1プロブレム」が話題となり，幼児期の教育と小学校教育との間にある「段差」が問題となってきた。こうした問題を背景にして，1998（平成10）年改訂幼稚園教育要領では，幼稚園教育が小学校以降の生活や学習の基盤となることを踏まえた指導計画を作成することが示された。また2001（平成13）年には文部科学省により幼児教育振興プログラムが策定され，幼稚園と小学校との連携の推進が取りあげられている。その具体的な取り組みとして，教師間，幼児・児童間，保護者間の交流の推進，幼稚園と小学校の教員免許の取得に関する改善と併有の機会の充実等をあげ，相互交流を重ねることから，幼小の教員が相互の教育について理解を深め，子どもの小学校教育への円滑な移行を確保することとしている。
　さらに，中央教育審議会答申「子どもを取り巻く環境の変化を踏まえた今後

の幼児教育の在り方について」(2005年1月)では、子どもたちの発達と学びの連続性を確保する視点から、小学校との連携を取りあげている。同答申では、家庭や地域社会での教育とともに、幼稚園や保育所等の施設での幼児教育の大切さを指摘し、かつ幼稚園や保育所等の施設における幼児期の教育の成果を円滑に小学校に引き継ぐ視点から、小学校との連携の推進が強調された。特に、小学校との連携・接続の強化について、これまでの一連の小学校との連携の取り組みから一歩進め、教育内容における接続の改善について、次の二点を提言している。

○幼稚園等施設において、小学校入学前の主に5歳児を対象として、幼児同士が、共通の目的や挑戦的な課題をもって活動に取り組み、協力したり工夫したりする協同的な活動を取り入れていくこと。
○遊びのなかでの興味や関心に沿った活動から、興味や関心をいかした学び、さらに教科等を中心とした学習へのつながりを踏まえ、幼児期から児童期への教育の流れを意識して、幼児教育における教育内容や方法の充実を図る。

本答申以降、幼稚園と同じ年齢の子どもたちが通う保育所も含めて、小学校との連携の推進の必要が指摘されるようになった。このことを受け、2008(平成20)年度改定保育所保育指針では、新たに小学校との連携が示された。

2006(平成18)年には文部科学省により「幼児教育振興アクションプログラム」が策定され、小学校との連携の推進が取り上げられたことにより、各都道府県等の事業において、就学前の幼児が同じように通園している保育所も含めて、幼保小の連携を取り上げる地域が増加し、全国的に広がっていった。

② 「小学校との連携」の現在

現在、幼稚園や保育所と小学校との連携は、幼児・児童の交流や教職員の研修の交流等さまざまな取り組みが見られるようになってきたが、一方で、その取り組みは、地域の実態や設置者等により大きな差がみられる。幼稚園や保育所の関係者のなかからは、小学校との連携の必要は認めつつも、相手がいることから連携することが難しいという声も少なくない。また幼稚園、保育所、小

学校の教職員が集まっても子どもの見方や保育・授業の進め方が異なるので，どう連携していったらよいかわからないという声もある。ここでは，最近の小学校との連携のさまざまな取り組みを概観し，そこから得られた成果をまとめてみる。

(1) 小学校以降の生活や学習の基盤づくりとしての幼児期の教育

2007（平成19）年学校教育法一部改正において，各学校段階における教育の目的や目標が明示された。幼稚園と小学校の教育の目的は，以下の通りである。

〈幼稚園の目的〉
　第22条　幼稚園は，義務教育及びその後の教育の基礎を培うものとして，幼児を保育し，幼児の健やかな成長のために適当な環境を与えて，その心身の発達を助長することを目的とする。
〈小学校の目的〉
　第29条　小学校は，心身の発達に応じて，義務教育として行われる普通教育のうち基礎的なものを施すことを目的とする。

幼稚園と小学校は，子どものそれぞれの発達段階が異なることから，当然その目的は異なるわけだが，幼稚園の目的に「義務教育及びその後の教育の基礎を培うもの」として明示されているように，幼稚園教育は小学校教育やその後の教育との連続性や一貫性をもつようにする必要がある。

これは，幼稚園教育は，幼児期の特性に応じて教育を行いつつ，そのことを通して義務教育及びその後の教育の基礎を培うことを意味している。したがって，幼稚園の教育課程を編成する際には，幼児の遊びや生活を中心とする幼児期にふさわしい生活にそって教育を展開し，幼稚園教育の目標の達成に努めていくとともに，このことが「義務教育及びその後の教育の基礎を培うもの」ということを踏まえていかねばならない。もちろん，それは，幼稚園で小学校教育の先取りのような教育を安易に行うのでなく，小学校以降の教育を見通しつつ，幼児期の特性を踏まえた教育実践を積み重ねていくことを意味している。こうした幼児期の教育の考え方は，保育所や認定こども園においても同様である。

言い換えれば，幼稚園や保育所などの集団の生活を通して行う幼児期の教育では，幼児がさまざまなものや人と出会い，それらとのかかわりのなかで好奇心や探究心をもっていくこと，試行錯誤を重ねるなかで物の特性や物事の法則性に気づくこと，いざこざや葛藤の体験を重ねることを通して人間関係を学んだりしていくこと，さらにはさまざまな体験を通して言葉を獲得し創造的な思考力や表現力を身に付けていくことが大切であり，これらはすべてが小学校以降の生活や学習の基盤となっていくものである。もちろん，これらの教育実践の基盤には，幼児の心身の健康をつくり出す力があることは述べるまでもない。

　いずれにせよ，幼児期の教育では，「小学校以降の生活や学習の基盤づくりとしての幼児期の教育」という役割を踏まえ，学校教育の連続性や一貫性のなかでその充実を図ることが大切である。

(2) 幼児・児童間の活動の交流から教職員間の相互交流・相互理解

　小学校との連携を進めていくためには，まず，幼児・児童との活動の交流が大切である。交流を通して，幼児は小学生に親しみをもち，小学校の環境に慣れることができる。また，小学生は年少の子どもと関わることにより，思いやりやいたわりの気持ちをもつとともに，年長者として行動することにより，自己への信頼や自信をもつことができる。活動の交流は，幼児や児童の健やかな成長に欠くことができない体験となる。この意味で，活動の交流は，幼児・児童の双方の視点から実りある活動となるように工夫しなければならない。

　同時に，幼児・児童の活動の交流は，幼稚園教員や保育士，小学校教員にとっても，幼児や児童の発達や双方の保育や授業についての理解を深める機会となり，意味がある。

　幼児期の教育と小学校教育とでは，幼児期と児童期の発達の特性により，教育の目標や内容，方法，評価が大きく異なる（表6-1参照）。

　幼児は，生活のなかで自分の興味や欲求にもとづいた直接的・具体的な体験を通して，さまざまなことを学んでいる。すなわち，幼児は，大人の側から一方的に何かをさせようとするとなかなか動き出さないが，自分から興味をもったものに対しては，試したり確かめたり，不思議がったりして，積極的に対象

表6-1 幼稚園と小学校との教育内容・方法の比較

幼　稚　園	小　学　校
・遊びを中心とする生活を通しての総合的な指導（経験の重視）	・教科等の学習を中心とした指導
・一日の流れが最小の単位である。	・単位時間により，学習活動が区切られる。
・幼児の興味や意識の流れにそって活動が展開する。	・一定の時間割に基づいて学習活動が展開する。
・教師が，幼児の活動にそってねらいを設定し，環境を構成しながら，幼児の活動を方向を付けていく。（ねらいは方向目標）	・教科等の目標や内容にそって，単元や教材が選択され，それにそって学習活動が展開する。（ねらいは到達目標）
・一人ひとりの活動にそって，柔軟な指導を行い，その結果多様な活動が展開する。（一人ひとりの経験や学びを重視）	・学習活動や教材の工夫がなされてはいるが，共通の活動，共通の教材となることが多い。（学級全体での学び合いを重視）
・一人ひとりの変容をとらえた個人内評価。	・評価規準にもとづく絶対評価。

に働きかけ，その対象がもつ特性やしくみを理解し，ものや人へのかかわりを豊かにしていく。したがって，幼児期の教育では，課題は幼児自身の興味や関心から生じるものが多い。小学校低学年になると，こうした幼児期の学び方を基礎にしながら，少しずつ抽象的な思考や課題を受け止める力が芽生えてくる。同時に，教師が示す学習の課題についても関心をもってかかわり，自らの課題として受け止め学習に臨むことができるようになる。幼児期においては，興味や関心をもってかかわり活動するなかで，結果としてさまざまなことを学ぶといった無自覚な学びの姿であるが，小学校低学年では，学習課題を自覚して取り組むようになる。

　大事なことは，幼児・児童の活動の交流をきっかけにして，幼保小の教職員間で話し合い，こうした幼児期から児童期への発達やその教育について，相互理解を深め共有していくことである。すなわち，幼稚園教員や保育士，小学校教員が，授業や保育を参観したり，合同研修を実施したりして，こうした幼児期と児童期の発達の違いを知るとともに，幼児期から児童期への移行を意識したかかわりや，それに応じた教育について意見交換したりして，発達観や教育観を共有することが大切である。

(3) 幼児期の教育と小学校教育との「接続期のカリキュラム」への関心

　「接続期のカリキュラム」という言葉は，耳慣れない言葉かもしれない。幼児期の教育と小学校教育との「段差」に注目し，幼小の円滑な接続をめざしたカリキュラムのことである。文部科学省の教育課程研究開発指定では，幼小の連携が取り上げられてきているが，それらの学校園では平成14（2002）年頃から，幼児期の教育と小学校教育との段差を円滑にするための「接続期のカリキュラム」作成に取り組んできている。研究の当初は，合同活動・合同学習を実施することをメインとしてきたが，研究実践を重ねるなかで，円滑な接続を図るために「幼小の接続期」に注目したカリキュラム開発がなされてきた。

　たとえば，2000（平成12）年度から2002（平成14）年度まで教育課程研究開発校であった香川大学教育学部附属幼稚園と附属坂出小学校では，幼稚園から小学校への移行を「幼小の接続期」として教育課程や指導計画の試案を発表している。ここでは，クラス集団として課題を追求する学びのスタイルに注目している。すなわち，3歳児4歳児では，一人ひとりの子どもが小さな集団，気の合う集団，遊び集団のなかで自分のやりたい課題を追求していく学びのスタイル（「くらしⅠ」とする）を大切にする。5歳児になると，「くらしⅠ」の積み重ねの上に子どもたちと教師とともに，クラス集団としての課題を追求していく学びのスタイル（「くらしⅡ」とする）も取り入れていく。さらに，1年生では，5歳児で取り入れられたクラス集団として課題を追求していく学びのスタイル（くらしⅡ）をより充実させ各教科領域等の学習を成立させる。しかし，1年生の学びは，生活という大きな文脈のなかで総合的に展開される幼稚園の学びのスタイルをできるだけ取り入れるようにして，幼小間の滑らかな接続を図ることとしている。

　また，2005（平成17）年度から2007（平成19）年度まで教育課程研究開発の指定を受けたお茶の水女子大学附属幼稚園と小学校では，幼小の教員間で十分話し合い，幼稚園5歳児10月から小学校1年生7月までの期間を「接続期」として，子どもたちの新しい小学校生活に対する不安や期待にそって，この時期のカリキュラムを一緒に作成した。接続前期は幼稚園5歳児10月からで，この時期は子どもの人間関係の育ちや小学校生活に向け体験の共有化を図ることと

した。接続中期では，安心して小学校入学をスタートさせることを中心に考えている。さらに接続後期には，知への興味を耕し学ぶ姿勢を育てることを中心に考えている。

　子どもは，幼稚園や保育所の生活から小学校の生活や学習へと移行すると，時間割にもとづく学習，クラス単位での学習などの大きな環境の変化を体験する。この変化は，多くの子どもたちにとって成長のステップとなることは確かだが，一方に大きな段差となり負担を感じる子どもも少なくない。小学校入学とともに教科を中心とするカリキュラムがいきなり始まるのではなく，その準備期間をおき，子どもが安心して小学校の生活をスタートできる，また教科の内容に関心をもつためには，「接続期」を設け円滑な接続のためのカリキュラム作成が必要である。

　最近では，こうした「接続期のカリキュラム」作成に少しずつであるが関心が寄せられている。平成22（2010）年11月に文部科学省より調査研究のまとめとして報告された「幼児期の教育と小学校教育の円滑な接続の在り方について」においても，幼小の円滑な接続のためのカリキュラム作成の必要性が述べられている。

❸　「芽生え」としての幼児期の教育を問い直す

　以上，小学校との連携について，過去，現在をみてきた。今後，小学校との連携を考えるうえで大事なことは，「『芽生え』としての幼児期の教育」という立場から，これまでの教育活動を見直し，学校教育の始まりとして幼児期の教育の充実を図っていくことではないかと考える。そのために必要なことをあげてみる。

(1)　幼児期から児童期への発達や学びをつなぐ

　幼児期に芽生えるもののひとつに，文字への関心があるが，その視点から「発達や学びをつなぐ」ということについて考えてみる。

　ある幼保小の研修会で，小学校入学までの文字指導の在り方が話題になって

いた。その地域では年に2回，地域の幼稚園，保育所，小学校の教職員が集まって，情報交換会を開いている。1回目の研修会は，それぞれの保育，教育で大事にしていることや，各学校園のカリキュラムについての情報交換をした。2回目で小学校入学までの準備について話し合うことになり，文字指導が取りあげられた。小学校側は，文字に関して個人差が大きいことや鉛筆の持ち方がさまざまであることを指摘し，「文字指導は小学校でするので，幼稚園や保育所では何も教えないでください」ということだった。当然，幼稚園や保育所の関係者は，幼稚園や保育所では子どもたちの興味や関心から，文字を読んだり書いたりしているので，「何も教えないでください」という言葉は，子どもたちの実態を踏まえたものでないと反論した。

こうした幼児期の教育と小学校教育の関係者議論はよく耳にすることである。その都度，幼児の遊びや生活を通しての教育について，幼児教育関係者外の方々に理解してもらうことは難しいことであると痛感する。同時に，幼児教育関係者の一部にも，就学前教育が，単に小学校の準備教育のように受け止められていることにも気づく。

むしろ，小学校での国語の時間での文字指導が成立するためには，幼児期において文字への関心や，文字を使うことにより新しい世界がひらかれることの体験は大事である。幼稚園や保育所では，小学校の国語の授業のような文字指導は必要ないが，文字にかかわる興味や関心を育てる指導は必要である。具体的には，生活や遊びのさまざまな場面で文字や標識等に触れ，文字や標識等が，人と人とのコミュニケーションの役割をもつことに気づき，読んだり，書いたり，使ったりすることである。

幼児期から児童期への「発達や学びをつなぐ」とは，幼児教育の成果を小学校に伝え，その連続性を図っていくことである。そのためには，幼保小の教職員が幼児期から児童期への子どもの発達と教育を共有し，幼児教育の成果を小学校以降の学びの芽生えとして積極的に位置づけていくことが大切である。

(2) 幼小の円滑な接続のためのカリキュラムの作成

前述の文部科学省の幼小の円滑な接続に関する調査協力者会議の報告では，

学校段階の壁，行政の壁を乗り越えて，幼小の円滑な接続を図るためには「接続期のカリキュラム」を作成することが必要だと指摘している。

「接続期のカリキュラム」作成に必要なことは，まず，幼児教育と小学校教育との違いを理解し，子どもにとって何が段差となっているかについて理解することである。もちろん，「接続期のカリキュラム」は，幼小のどちらかに安易に合わせるものではない。幼児期と児童期は，それぞれの発達段階の違いから学校段階が異なり，教育課程編成や教育方法，教育評価等において，それぞれに独自性があり異なる。だからこそ，その間の段差を低くするような接続の工夫が求められる。

「接続期のカリキュラム」を考える場合，幼児期の教育だけを見ていても，また小学校教育だけを見ていても不十分である。幼小の教職員と十分話し合いながら，子どもが幼児期から児童期へどう育っていくのかを見通していくことが必要となる。このため，幼児や児童の活動の交流を通しての話し合いや授業参観・保育参観などの機会を生かして，幼児期の経験が小学校の生活や学習にどうつながっていくかを見通し，そのうえで各学校園のカリキュラム，特に5歳児後半から1年生前半のカリキュラムを見直すことが必要である。

ある園の報告だが，5歳児が芋ほりを実施した後，毎年のことながら採れた芋を小さい組にご馳走する分と各自が家に持ち帰る分とに分ける際，5歳児担任は，どう分けるかをクラスの話題にし，みんなで相談することにしているそうだ。すると，一列にならべた芋を順番に取っていく場合もあるし，大きさに注目して大小に分けてそれぞれのなかでひとつずつ取っていく場合もあり，その学年の担任と幼児たちとで量や数にこだわっていろいろな方法を見つけていくという。

これらは芋ほりの一連の活動だが，その経験の仕方によって，小学校での学級での話し合いや算数の授業の内容などにつながっていく。こうした報告を聞いていると，5歳児担任が「幼児期修了までに何を育てていくか」を意識することによって幼児の経験する内容は相当に異なってくると考える。つまり，特に5歳児後期のカリキュラムでは，幼児の生活の文脈のなかで，ものや人とのかかわりを豊かにする場面をつくることが大切であり，そのことが小学校の生

活や学習につながっていく。すなわち、こうした取り組みが、「接続期のカリキュラム」の作成に位置づいていくことが大切と考える。

(3) 小学校の「スタート・カリキュラム」への期待

　2008（平成20）年改訂小学校学習指導要領では、小学校入門期の学習においては、国語や図画工作、音楽については生活科を中心にして合科的な指導を展開することが新たに示された。

〈生活科　第3　指導計画の作成と内容の取り扱い〉
　(3) 国語科、音楽科、図画工作科など他教科等との関連を積極的に図り、指導の効果を高めるようにすること。特に、第一学年入学当初においては、生活科を中心とした合科的な指導を行うなどの工夫をすること。

　また、『小学校学習指導要領解説生活科編』では、小学校入学の時期には安心して小学校の生活や学習が始められるように「スタートカリキュラム」を作成することが必要と述べられている。
　幼児期の教育における興味や関心にそった活動から興味や関心をいかした学びへ、さらに時間割にもとづく学習へ移行していく過程においては、当然幼児教育の視点を取り入れたカリキュラムが必要となる。各小学校において、授業時間や学習空間の環境構成、人間関係づくりなどについて工夫していくことを期待したい。

4　まとめにかえて

　「幼小の円滑な接続」とは、小学校教育を安易に先取りすることでも、小学校が必要以上に幼稚園や保育所の生活に合わせることでもない。つまり、それは単に段差をなくすことではなく、ある程度までに段差を低くし、子どもたちが自分の力で乗り越えられるようにしていくことである。子どもの健やかな成長にとって、新しい世界に期待をもってかかわり、その世界から新たなことを吸収していく体験は重要な意味をもつ。むしろ、期待と緊張をもって、その段

差と向き合い，それを乗り越えていくことで，子どもは「成長する自分」に自信をもち，大きく飛躍できる。

　そのためには，幼稚園教員，保育士，小学校教員間で意見交換等を通して相互理解を深め，「段差」についての見方を共有し，幼児期から児童期への発達をあたたかく見守りながら，それに沿った教育や具体的な活動を考えていきたいものである。

考えてみよう

① 幼稚園の日案と小学校の授業案を比較しながら幼小の指導計画や指導の違いをとらえてみよう。

② 幼小の滑らかな接続をふまえ，幼稚園や保育所修了までに育てておくことはどんな内容か具体的にあげてみよう。

【引用参考文献】
お茶の水女子大学附属幼稚園・小学校，2007，『研究開発実施報告書　2007』．
香川大学教育学部附属幼稚園・坂出小学校，2004，『研究開発実施報告書　2004』．
香川大学教育学部附属幼稚園・坂出小学校，2006，『研究開発実施報告書　2006』．
神長美津子，2009，『はじめよう幼稚園・保育所と「小学校との連携」』フレーベル館．
国立教育政策研究所教育課程研究センター，2005，『幼児期から児童期への教育』ひかりのくに．
文部科学省調査研究協力者会議，2010，「幼児期の教育と小学校教育の円滑な接続の在り方について」報告書．
無藤隆，2009，『幼児教育の原則』ミネルヴァ書房．
無藤隆・神長美津子，2003，『幼稚園教育の新たな展開』ぎょうせい．

第7章 幼児教育のカリキュラム

神長 美津子・永井 聖二

　本章は、幼児教育のカリキュラムの特質を浮き彫りにするために、他の学校種と異なる幼児教育の独自性を踏まえたカリキュラムの特質と、それがゆえにそこに潜む「見えない教育方法」に傾斜した実践がもつ課題という2つの論点をあえて取り上げ論じる。前者については、「1．環境を通して行う教育」「2．幼児の主体性と指導の計画性」「3．幼児の視座に立つ指導計画の作成」で述べ、後者については、「4．幼稚園のかくれたカリキュラム」「5．個性化とかくれたカリキュラム」で述べていく。

1　環境を通して行う教育

　幼稚園や保育所等で行われる幼児期の教育（以下「幼児教育」とする）は、幼児の主体的な環境とのかかわりを大切にし、環境を通しての教育を基本とする。このため、幼児教育のカリキュラムの考え方や指導の進め方は、小学校以上の教科カリキュラムとは大きく異なり、学校教育体系のなかにあって、幼児教育としての独自性をもっている。

　すなわち、幼児教育では、幼児の主体的な環境とのかかわりを確保することを前提として、幼児が生活や遊びのなかで、ものや人のさまざまな環境と出会い、それらとのふさわしいかかわり方を身につけていく過程を通して、幼稚園教育要領や保育所保育指針に示す5領域に示すねらいを総合的に身につけていくことを重視している。

　したがって、幼児教育は、小学校の授業のように予め課題が決められていな

いので，活動の選択は幼児に任されていることが多い。このため，しばしば「自由保育」といわれ，それは指導計画をもたずに具体的な指導をしているかのように受け止められることがある。また，幼児の活動に任せるのなら，綿密な指導計画を作成することは必要ないという意見も一部にある。

　しかし，「幼児の主体的な環境とのかかわりを大切にする」ということは，指導計画をもって指導することを否定したり，幼児の活動に全く任せたりするものではない。むしろ，発達や興味・関心が異なる幼児一人ひとりが，それぞれに主体的な活動を展開することを通して発達に必要な経験を積み重ねていくために，幼児一人ひとりの行動の理解や予想にもとづいた計画的な環境の構成が不可欠であり，それを確保するきめ細かな指導計画が必要となる。問題は，その指導計画のあり方である。

　すなわち，「幼児の主体的な環境とのかかわりを大切にする」ということは，幼児が期待をもって，あるいは幼児なりの願いをもって物事に取り組むようにすることである。このため，保育者には，幼児を取りまく環境のなかに幼児にとって魅力があり，かかわらずにはいられないような状況をつくり出すことが求められる。特に，幼児の発達はもちろんのこと，幼児の興味や関心，生活の流れ等に沿って，魅力ある環境を構成することが大切である。もし，幼児の活動のままに任せ，見通しのない行き当たりばったりの指導をしていたら，保育はマンネリ化し，入園から修了までの保育期間内に，幼児一人ひとりの発達を保障することはできない。

2　幼児の主体性と指導の計画性

　指導計画は，教育課程や保育課程を具体化していくものであり，一般には，年，学期，月などの長期の指導計画，週や日などの短期の指導計画がある。これらの指導計画作成において大事なことは，いかにして幼児の主体的な活動を引き出し，それら指導の計画のなかに位置づけていくかである。
　すなわち，指導計画は，幼児一人ひとりが楽しく充実した園生活をおくるために作成するものであり，そこには，幼児一人ひとりの思いや願いがたくさん

にちりばめられていなくてはならない。それは，教育課程や保育課程に示すねらいを単に具体化した指導計画ではなく，幼児とともに日々暮らしながら，幼児の思いや願いをとらえる保育者の温かなまなざしが感じられるものである。

　坂元彦太郎はその著書『幼児教育の構造』(1964年) のなかで，1956 (昭和31) 年幼稚園教育要領刊行後，幼稚園教育界でにわかに起こるカリキュラム旋風のなかで，各幼稚園において日常の保育からかけ離れたところで教育課程や指導計画が論じられていることをとりあげ，幼稚園教育の指導計画は「愛情の設計」でありたいと述べている。つまり，幼稚園教育の指導計画のあり方として，「ほんとうに愛する子どもたちに悔いのない一日をおくらせるにはどうしたらよいか。一日をおくって，まずよかったと胸をなでおろせるようにするにはどうしたらいいか・・こういう窓口から，教育の計画の問題に近づいていく，ということを，このさい私はあくまでも提唱したいのである」(坂元, 1964, p.89) と述べている。「指導計画は『愛情の設計』」という考え方は，幼児教育のカリキュラムを考える基本的視点として重要な指摘であり，五十数年前の指摘であるが，今もってその考え方は変わることはない。

　幼児教育における指導計画作成では，幼児一人ひとりが幼児期にふさわしい生活を展開し発達に必要な経験が得られるように，具体的なねらいや内容，環境構成などの指導の内容や方法について予想することになる。この場合，幼児の興味や関心にもとづく環境への働きかけなどを無理なく指導計画のなかに位置づけ，自然な生活の流れのなかでそれらとのかかわりを深めるようにすることが大切である。すなわち，幼児の主体性と指導の計画性をバランスよく絡ませていくことが最大の課題である。このことは，予め学習課題が設定されている小学校以上の教科等の学習における指導計画の作成と大きく異なることは述べるまでもない。

❸ 幼児の視座にたつ指導計画の作成

　「愛情の設計」という基本的な視点をもって，指導計画作成に臨む際に大事にしたいことは，常に「幼児の視座」から考えるということである。このこと

について，発達の理解，具体的なねらいや内容の設定，具体的な環境の構成にそって述べることとする。

(1) 発達の理解

　指導計画作成は，まず，幼児の生活する姿から発達の理解を深めることから始まる。どのように発達を理解するかは，保育全体の方向を大きく左右することになるので，保育者が幼児の発達をみる視点は重要である。

　「発達の理解」というと，幼児の姿を平均的な発達の姿に照らしてみると受け止められがちだが，そうではない。発達の理解とは，幼児が楽しんでいることや経験していることを探りながら，幼児のなかに育ちつつあるものをとらえることである。保育者は，幼児とともに生活するなかで，幼児が何に関心をもっているのか，どんなことに意欲をもつのか，また，どんなことに行き詰まっているかなどを感じ取ることから発達の理解を深め，具体的なねらいや内容を設定していくことになる。

　ある保育実践から，保育における発達の理解について述べることとする。

　5歳児が，毎日のように砂場で水路づくりを楽しんでいた。各自が大きなシャベルを持って水路をつくっている。ある程度掘り進むと，ホースをある場所に固定して水を流し始める。当初は「水や砂が好きな幼児たち」として理解した。しかし，毎日繰り返す幼児の姿を見ていると，必ずしも「水や砂が好きな幼児たち」だけではないことに気づく。それは，幼児たちの間でホースを固定する場所が問題になる場面からである。ある幼児が「ここがいいよ」というと必ず「ここじゃ，うまく水が溜まらないよ」という幼児がいる。砂の特性からすると，水が溜まることは難しいと思うが，幼児たちがこの砂遊びで実現したいと思っていることは，水を水路全体に流し込むことである。これまでの遊びの経験から「ここから流すとこうなる。だから……」と，自分たちなりに推理をし，それを確かめることを仲間と楽しんでいる。したがって，予想通りになった時には仲間と歓声をあげて喜んでいた。

　こうした幼児の姿から発達をとらえると，「友だち同士で，アイディアを出し合いながら遊ぶことを楽しんでいる」「試行錯誤を重ねながら活動を進める

ことを楽しんでいる」と整理できる。
　発達の理解において大切なことは，保育者が，幼児とともにする生活のなかで，幼児の言葉や行動，表情の変化に気づき，その内面の心の揺れ動きをとらえていくことである。このため，日々園生活のなかで，幼児が身近な環境とどのようにかかわっているのか，そこで何を感じ，何に興味をもっているのか，またどのようなことを実現したいと思っているのかなどをとらえることが大切である。

(2) 具体的なねらいや内容の設定

　具体的なねらいは，それぞれの時期に幼児に育てたいことであり，具体的な内容は幼児がそのねらいを身につけるために経験する内容である。したがって，それは，幼児が発達に必要な経験を重ねるために，保育者が指導する内容である。具体的なねらいや内容の設定に当たっては，ねらいは，園生活の全体を通じ，幼児がさまざまな体験を積み重ねるなかで相互に関連をもちながらしだいに達成に向かうものであること，内容は幼児が環境とかかわって展開する具体的な活動を通して総合的に指導することに留意する必要がある。
　たとえば，前述の事例の場合，「友だちとアイディアを出し合いながら遊びを進める楽しさを味わう」を具体的なねらいとすると，この時期の幼児がこのねらいを身につけるためには次のような事柄を具体的な内容となる。
・「こんな遊びをしたい」など，自分なりに遊びのイメージをもって取り組む。
・自分の考えを友だちに伝えたり，友だちの考えを受け止めたりして，友だちとともに活動する。
・友だちと遊ぶなかで生じたトラブルについて，自分たちで解決しようとする。

(3) 具体的な環境の構成

　指導計画作成において，環境は具体的なねらいを達成するために適切なものとなるように構成し，幼児が自らその環境にかかわることによりさまざまな活動を展開しつつ必要な体験を得られるようにすることが大切である。その際，幼児の生活する姿や発想を大切にして，幼児にとって魅力あるものとすること

はもちろんである。

　具体的な環境の構成を考える際には，場や空間，ものや人，身の回りに起こる事象，時間などを関連づけて，幼児が具体的なねらいを身につけるために必要な体験を得られる状況をどのようにつくり出していくかを考えることが中心となる。その際，保育者のかかわりも，環境の一部として考える必要がある。

　たとえば，前述の砂遊びの例で考えると，幼児一人ひとりがこの遊びに主体的に参加し，友だちと一緒に試行錯誤を楽しむ状況をどうつくり出していくかである。まずは幼児の試行錯誤が楽しめるようなゆったりとした時間や場を確保したい。また「友達と一緒に」という状況をつくるためには，保育者の位置やトラブル場面などでのかかわり方も配慮する必要がある。保育者がかかわり過ぎると幼児同士の関係がうまくできないが，反対に保育者が全くかかわらないでいては，幼児同士でアイディアを出し合って活動することは難しい。まだ友達に自分の考えをうまく伝えられない幼児もいるので保育者の支えは必要である。幼児同士のやりとりを見ながら保育者の出番を考えることもあるが，基本的には，保育者も環境の一部であることも踏まえ，遠くからニコニコして見守るというかかわりになるだろう。

(4) 活動の展開と保育者の援助

　指導計画は，計画通りにすることに価値があるわけではない。保育では，幼児一人ひとりの主体的な活動を引き出すことが重要であり，この意味で幼児の発想や活動の展開の仕方を大切にして進めなければならない。実際の保育では，指導計画に示す指導の方向性を念頭におきつつ，偶然性の出来事を生かして必要な援助を重ねていくことが大切である。指導計画に固執するあまり，偶然の出来事のなかで幼児が経験していることや幼児が楽しんでいる心を見失ってしまっては問題なのである。

　しかし，指導計画作成において，幼児の興味や関心，人とのかかわりや遊びへの取り組み方などの理解を深め，あらかじめ保育の展開を予想しておくことは，保育者自身のなかにある構えができ，むしろ実際の保育で起こる偶然の出来事に対して，柔軟にしかも一人ひとりに応じた適切な対応ができることにつ

ながる。もし，指導計画をもたずに保育に臨んだとしたらどうであろうか。おそらく，保育のなかで起こるさまざまな出来事に振り回されて一日が終わってしまうだろう。指導計画作成のなかで，幼児の視点と指導の計画の間をいったりきたりしていろいろに推敲するからこそ，実際の保育場面で見せる幼児の姿に共感したり，改めてその力に驚いたり，さらに願いをもってみたりする。

改めて，坂元彦太郎の「愛情の設計」という言葉が思い浮かぶ。「幼児が育つ」ために指導計画が必要であり，「幼児を育てる」ための手がかりを示す指導計画作成が求められている。

(5) 指導計画はあくまでも仮説

幼児教育における指導計画の特質としてあげられることは，「指導計画はあくまでも仮説である」ということである。すなわち，実際の具体的な指導では，指導計画によって方向性をもちながらも，幼児の活動に応じて柔軟に展開していくことになる。時には，その活動から指導計画の見直しを図ることが必要となる場合もある。

すなわち，環境を通して行う教育では，どんなに綿密に立てた指導計画であっても，具体的な保育の展開において，保育者の予想とは異なる展開が生じる。幼児の思いと保育者の意図との間に「ズレ」が生じるのである。問題は，ズレが生じることではなく，そのズレから，いかにして自分の保育を見直し，次の指導計画作成につなげていくかである。このことにより，幼児の視座に立つ指導計画の作成が実現する。この意味で，保育の反省や評価が，次の指導計画作成の始まりとなる。

（神長美津子）

4 幼稚園のかくれたカリキュラム

(1) かくれたカリキュラム

以上は，他の学校種のカリキュラムとは異なる，幼稚園のカリキュラムの特性について検討してきた。ところで，カリキュラム（curriculum）はふつう教育課程と訳され，もともと競馬場のコースを意味するラテン語に由来するとさ

れる。教育する側からみると，一定の教育目標に向けて組織，編成された教育内容の総体がカリキュラムである。

しかし，教育される側，つまり子どもたちの側からすると，学習は大人の側が意図した経験に限られるわけではなく，無意図的な教育作用によっても成立する。たとえば，性別の役割について，明示的には学習指導要領において，男女が互いに尊重しあうことが目標とされるとしても，実際には子どもたちは，学校生活のなかで現在の社会が求める「男らしさ」や「女らしさ」を身につけることが多い。

「○子ちゃんは女の子でしょう……」「男の子は泣かないの……」と働きかける教師の影響もあるだろうし，小学校以上なら教科書に伝統的な男らしさや女らしさを強調する文化内容も含まれるからである。学校内での男女の教師の役割分担が，知らず知らずのうちに子どもたちのモデルになるということもあろう。

こうした，意識され，組織化されることはないが現実に子どもたちが学校内で学ぶ内容は，今日「かくれたカリキュラム」（hidden curriculum）とよばれる。かくれたカリキュラムとは，学校教育において教師によって明確に意識されることはないが，子どもたちの学校生活のなかで学習され，結果として子どもたちが習得する教育内容をいうのである。

小学校以上の学校では，1週間のカリキュラムは時間割というかたちで明示されているのが一般的であるが，幼稚園でははっきりとは子どもたちにそれが伝えられないことも多いから，多義的でときに曖昧な目標のもとで，かくれたカリキュラムの影響はいっそう大きなものになる。

(2) 見えない教育方法

かくれたカリキュラムの概念をはじめて用いたとされるジャクソン（Jackson, P.）は，子どもたちが教室で生活をくり返すなかで規則（rules），規制（regulation），慣例（routines）から成る行動様式を修得し，それは教師が（顕在的な）カリキュラムを伝達する際に必要とされる知恵や態度として働くし，われわれの行動に大きな影響を及ぼすことを指摘した（Jackson, 1968）。一方，アップル（Apple, M.）は，カリキュラムの潜在的機能として，それが社会の支配的階級

のイデオロギーや知識を反映するものであり，結果として社会の不平等が再生産されることにつながることを問題にしている（アップル，1986）。

ジェンダーとのかかわりでいうならば，教師が主観的には男女差別を助長する気持ちがなくとも，教育活動のなかで無意図的にそうした役割をはたすことがあり，子どもたちはそれを受け入れることで学校生活が円滑に送れるし，結果としてその過程は男性に有利な社会のしくみを再生産することにつながるということになる。

それが，かくれたカリキュラムの機能の一例であるが，ここで注目すべきは，それが教師にとっても「見えにくい」ものであるということであり，幼児教育においてはとくに教師が無意図的に準拠している教育観が教育実践のあり方を規定するということである。

この点で興味深いのは，バーンスティン（Bernstein, B.）が提示した「見えない教育方法（invisible pedagogy）」の概念である。バーンスティンは，イギリスのインファント・スクールは次のような特徴をもち，それは新中間階級の文化的再生産を担うという一面をもつという（バーンスティン，1985）。

① 幼児に対する教師のコントロールの仕方は明示的であるより暗示的である。
② 理念的には，幼児が自らの意思で，活動の仕方をかえたり，探索することを期待されるような環境を，教師が整えてやるところである。
③ このように構成された環境のなかで，幼児が，何を選び，それでどのように遊びを組み立て，どれ位の時間を使って遊ぶかについて，明らかに広範な意思決定の力が与えられているところである。
④ 幼児は，自分自身の活動や教師や他の幼児との関係を，明らかに自分で規定できるところである。
⑤ 文字や数などいわば特定の技能を訓練により，幼児に伝達したり，獲得させることがあまり強調されないところである。
⑥ 保育の方法を評価する基準が多種多様で拡散しているため，容易に測定することができにくいところである。

(3)「スズメの園」と「メダカの園」

　ここで,「見えない (invisible)」というのは,教師にとっても子どもにとっても,遊びや学習の活動や役割にたえず意味づけを探る余地を多くもつということであり,教師が意識するか否かにかかわることではないが,萩原はこのバーンスティンの論を借りて現代社会における「しなやかな自我」の形成をめざす立場から,幼児教育のあり方について次のように提言する（萩原,1987）。

　「スズメの園」では幼児の選択の自由な範囲は保育者により規定され,幼児の性別や年齢により行動の仕方まで方向づけられやすいのに対し,「メダカの園」では教師も幼児も固定的で明確な役割の範囲に限定されず,新しい役割の範囲を自由に選択する余地が常に残されている。そして,そのことが幼児の個性を開く,個性相互援助システムとしての園環境のあり方に方向性を与えるというのである（表7-1）。

表7-1　スズメの園とメダカの園の比較（萩原）

〈スズメの園〉		〈メダカの園〉
同質的 　保育活動をおこなうグループの大きさや編成の仕方は固定されている。	（集団の編成）	異質的 　保育活動をおこなうグループの大きさや編成方法は変えることができる。
答の提示,知識の内容や態様を強調する。	（保育方法）	問題の発見,創造,ものごとを理解する方法を強調する。
保育者の役割は相互にバラバラになされている。 職務は分担されている。 保育者の権限や人間関係は固定的。	（保育者）	保育者の役割は協力的。相互依存的になされている。 職務は獲得されるもの。 保育者の権限や人間関係は流動的。
領域間の境界が明確に区分されている。 　（相互関連性も統合性も低い） 内容の展開は浅い知識から深い知識へ 能力別の保育内容	（保育内容）	領域間の境界が明確に分離されていない。 　（相互に関連させやすい） 内容の展開は知識の深いしくみから浅いしくみへ 共通の保育内容
グループとしての類似性やちがいを強調する比較的安定した集団を構成している。 　（選択の範囲は減少） 少数の園児だけが向上意欲をもつ 園児の権限と人間関係は固定的。	（園児）	グループとしての類似性やちがいを減少する集団を構成している。 　（選択の範囲は増大） 多数の園児が向上意欲をもつ 園児の権限と人間関係は可変的。

萩原のこの提案は，個性重視や自発性の尊重を標榜しながらも現実にはコントロールに傾斜しがちな幼児教育の実践の現状に対する批判的な提言として意味深い。「スズメの園」の現状を「メダカの園」をめざす立場から見直すなら，それがスローガンだけでない個性尊重の教育につながるのだというのである。

　ただ，ここで問題になるのは，「見えない教育方法」への傾斜は，不可避的にかくれたカリキュラムの規制力を強めることである。バーンスティン自身が「見えない教育方法」は「容易に測定しがたい」特性をもつといっているように，それは文化的コントロールの規制力が強くなることを意味し，現実の教育実践においては矛盾や混乱が生じることも少なくない。一言でいえば，「見えない教育方法」に傾斜した実践のもとでは，教師たちの常識や自明視する文化の内容次第で，もともとのめざす方向性との乖離や矛盾がおきることもあるということである。だとすれば，それはかくれたカリキュラムの検討が不可避な課題になるということを意味する。

❺ 個性化とかくれたカリキュラム

　では，わが国におけるかくれたカリキュラムの内容はどんなものなのか。これまでのところ，かくれたカリキュラムの内容が分析されてきた研究としては，さきに例をあげたジェンダー形成にかかわる問題意識からの研究が多い。教師たちが意識するか否かにかかわりなく，男らしさ，女らしさが形成されていくことが分析され，問題視されてきた。男の子が先で女の子が後という男女別名簿のあり方が批判されて姿を消したのは，そのわかりやすい一例であった。幼児教育においても，「男の子」と「女の子」を必要以上に区別して扱う傾向は，今日でもなくなっていないといえる。

　この他には，日本的な集団主義や教師の間接的コントロールについての指摘も多い。田中統治は「潜在的カリキュラムの国際比較研究によれば，わが国の学級・学校生活が目に見えにくい『きまり』から成っているという。日本的集団主義とか『察し合い』の文化と呼ばれる行動規範が教室においても過度に強

調されると，学習の個性化を阻害する要因になりかねない」と指摘する（田中，1999）。

　さらに，結城恵は，教師が子どもたちを小集団に編成する際の編成様式や子どもの相互交渉過程，教師の指示と子どもの活動などをエスノグラフィーの手法で分析している（結城，1998）。幼児教育の場面で子どもは何を学ぶのか。それをかくれたカリキュラムの視点を含めて考察すること，それにもとづいて今後の幼児教育，保育のあり方を考えることはきわめて重要な課題である。

（永井聖二）

考えてみよう

① 幼児教育の指導場面で，幼児の主体性と指導の計画性が両立しにくい具体例をあげて，その解決策について考えてみよう。

② 幼稚園の見えない「きまり」にはどんなものがあるか。それが存在するのはなぜなのか，考えてみよう。

【引用参考文献】

アップル，M., 1986,『学校幻想とカリキュラム』（門倉正美他訳）日本エディタースクール出版部（原著，1979）.
神長美津子・塩谷香編著，2010,『教育課程・保育課程論』光生館.
坂元彦太郎，1964,『幼児教育の構造』フレーベル館.
田中統治，1999,「潜在的カリキュラム」『教育キーワード　第8版』時事通信社.
萩原元昭，1987,「子どもの社会化過程」清水幸正編著『現代教育社会学講義』学苑社.
バーンスティン，B., 1985,『教育伝達の社会学』（萩原元昭編訳）明治図書（原著，1975）.
文部科学省，2008,『幼稚園教育要領解説』.
結城恵，1998,『幼稚園で子どもはどう育つか―集団教育のエスノグラフィー』有信堂高文社.
Jackson, P., 1968, *Life in Classroom*, New York: Holt, Rinehart & Winston.

第8章 保育環境におけるジェンダー形成

作野 友美

1 はじめに

　幼稚園や保育園などの保育環境は子どもたちにとって，養育者と離れて，同世代の子どもたちと多くの時間を共有する場である。そこで，子どもたちは，初めて集団のなかで，さまざまな体験をすることになる。保育環境において，ジェンダー（社会的文化的に意味づけられた性）にまつわる体験をすることもそのひとつだといえよう。

　保育環境で見られるジェンダーに関する事象には，どのようなことがあるだろうか。たとえば，子どもが保育者より日常的に男の子／女の子と分けられて整列するなどの保育をされたり，性別によって，青やピンクなどジェンダー・ステレオタイプで色分けされたり，「男の子は泣かない」などのジェンダー・ステレオタイプ的な言葉かけがなされることが考えられる。

　本章では，子どもたちが生物学的性に何かを結び付けていくことをジェンダー的学びととらえ，保育環境でどのようなジェンダーにまつわる事象があるのかを検討していく。また，子どもたちはどのようにジェンダーを学んでいるのかを考えていきたい。そして，子どもたちが獲得したジェンダーをどのように利用してコミュニケーションを行っていくのか，年齢別の変化を発達的にとらえていくことにする。

② 保育者によるジェンダー形成

　本節では，保育者によるジェンダーを利用した保育活動場面をみていく。

　子どもたちは，保育環境において保育者や仲間と多くの時間を過ごし，集団の一員として行動する経験をすることになる。保育者は，さまざまな集団単位を用いて，子どもたちの集団統制を行っている（結城，1998）。保育者が集団を統制する際のひとつの集団単位として，「性別カテゴリー」がある。保育場面で，性別カテゴリーが用いられていることは，森（1995）や木村（1999）もとらえている。

　では，保育者は，性別カテゴリーやジェンダー・ステレオタイプを用いて，どのように集団を統制しているのだろうか。〔事例1〕と〔事例2〕は，朝の会のあとの間食に移る際に2歳児に手を洗いに行かせるという，特に男女を集団に分ける必要性のない場面で，保育者が性別カテゴリーを用いて集団統制をしようとしている事例である。

　この場面の概要は以下のとおりである。朝の会の際は，子どもたちはクラスの一角の床の上に男女縦1列ずつ男女交互計4列になるように貼ってあるシールの上に座ることになっている。このシールには，男児なら青のテープに，女児ならピンクのテープに各児の名前が書いてある。子どもたちは「男の子（または，女の子），手を洗ってきてください」という保育者の指示を受け，各々，手を洗いに行くことになっている。この場面において，保育者は2歳児に対して日常的に性別カテゴリーを用いて集団を動かすことを行っている。

(1) 保育者の性別カテゴリーに関する指示の理解が難しい2歳児

　〔事例1〕保育者の性別カテゴリーに関する指示に対して子どもたちの反応が乏しい場面（2歳児クラス：6月）　　　　(m＝男児，f＝女児)

　スズキ先生が「青いシールの上に座っている男の子，お手々を洗ってきてください」とはじめに男児に対して色に関するジェンダー・ステレオタイプと男の子

の部分を強調して言うと，ナオヤ（m）が立ち上がる。ヤマカワ先生は「ナオヤくんだけや」と言う。スズキ先生たちは「青いシールの上に座っている男の子」となおも声をかける。ヤマカワ先生は「みんな，自分のシール見てごらん。シール，何色？シール，何色？　自分のお名前シールだよ」と言う。しかし，他の男児は誰も立ち上がらない。

スズキ先生が「では，次，言います。ピンクのシールの上に座っている女の子，手を洗っておいで」と次に女児に対して，色に関するジェンダー・ステレオタイプと女の子の部分を強調して指示を出すと，アサミ（f）など9人の女児は立ち上がる。ヤマカワ先生は「女の子，賢いわ」と褒める。ノゾミ（f），カオリ（f），サキ（f），スミレ（f）は立ち上がらない。スズキ先生は女児を呼んでいるのに，カンタ（m）が立ち上がる。ヤマカワ先生は「カンタくん，まだだよ」と声をかけ，「カンタくん，何色？」とカンタのお名前シールを指し示すと，カンタは自分の座る位置に戻っていく。スズキ先生は，座っているカオリに「何色のシールに座っているの？」と問うが，カオリはじっと自分のシールを見ている。

スズキ先生は「もう1回言うよ。自分のシール見て」と指示を出す。ヤマカワ先生は「自分のシール見て，自分のシール見て」と促し，子どもたちが何色のシールが貼ってあるところに座っているのかを確認させる。スズキ先生は「青いシールが貼ってあるお友達，お手々を洗ってきてください」と再び男児に対して指示を出す。ヤマカワ先生は「青いお名前シールだよ」と再度，スズキ先生の指示に付け加えるように言うと，タクヤ（m）とタスク（m）が立ち上がる。

スズキ先生とヤマカワ先生とナカニシ先生が3人で子どもたちは青色がわかっていないのかとしばし，話し合う。そして，ハヤト（m）に青色を見せ，何色かと問うと，ハヤトは「ピンク」と答える。スズキ先生は「隣の（2歳児のクラスの）男の子は青わかってるのになぁ」と言う。

スズキ先生が「はい，じゃあ，ピンク色シールのお友達」と再び，今度は女児に対して指示を出すと，カズキ（m）が立ち上がる。

スズキ先生は「青色シールのお友達，行っといで。みんな，行っといで」と再度，3度目となる男児に対する指示を出すと，サキが立ち上がる。スズキ先生とナカニシ先生はタイチ（m）に働きかける。引き続き，ナカニシ先生はユキヤ（m）タイチ，ヒトシ（m）の背をポンポンと叩き，立ち上がるように促す。

ヤマカワ先生は「○○（m）くん，青やったら，男の子でしょ？」と個別に，マサト（m），ヨシキ（m），ノゾミ，ユキヤと順に促していく。スズキ先生はスミレに立ち上がるように促す。ナカニシ先生も引き続き，ユキヤ，タイチ，ヒトシに働きかける。ヤマカワ先生は「ノゾミちゃん，これ何色？　ピンクは女の子でしょ？」とノゾミにピンクのシールを指して言う。ユキヤには「ユキヤちゃん，これ，何色？　青やんか，青は男の子の色なんよ」と言い，各々が手を洗うように促す。

（作野，2008　一部加筆修正）

〔事例1〕では，「男の子」「女の子」という保育者の言葉かけに，反応する子どもが乏しいことから，保育者は「青―男の子」「ピンク―女の子」という色に関するステレオタイプを用いて，子どもたちに性別カテゴリーに関する指示を理解させようと試みている。しかし，ハヤトが青をピンクと言うように，色の概念の理解もこの時期の子どもたちには難しいととらえられる。保育者は性別カテゴリーや色に関するジェンダー・ステレオタイプの部分を強調したり，ゆっくりと発話したりして，子どもたちにわかりやすいように配慮している様子がうかがえた。

　6月の時点では，この場面で，保育者の性別カテゴリーに関する指示に「適切に」反応できる男児は数名であり，女児も「女の子」と呼ばれて反応する子は半数程度であった。〔事例1〕のように，保育者に「男の子（または，女の子）」と言葉をかけられても，異性が反応することもある。この時期においては，保育者の性別カテゴリーに関する指示に対して，立ち上がるなどの反応を示さない子もおり，この場面での保育者の指示自体の理解も難しいと感じられる子も見られた。また，性別カテゴリーに関する子ども同士の相互行為は見られなかった（作野，2008）。

(2) 保育者の性別カテゴリーに関する指示を模倣し始める2歳児

　〔事例2〕子どもから性別カテゴリーに関する指示が見られる場面（2歳児クラス：11月）

　ヤマカワ先生が「男の子，お手々，洗ってきて。男の子だよ」と言うと，タクヤ（m）とハヤト（m）が立ち上がる。ヤマカワ先生が「そう，ハヤトくん。男の子，男の子だよ，行ってきて下さい」と再度，促すと，マサト（m）も立ち上がる。その他の男児は座ったままである。
　ノゾミ（f）が「男の子」と周囲の男児に言う。カオリ（f）とマリナ（f）は左隣に座っているヒトシ（m）の頭をポンポンと叩くと，ヒトシは嫌がりながらも立ち上がる。マリナは「男の子」と右隣に座っているヤスト（m）の頭もポンポン叩いて立ち上がるように促す。アリサ（f）は右隣に座っているシンゴ（m）の手を引きながら，後方に座っているナオヤ（m）に向かって「ナオヤくん」と手を洗うように声をかけ，立ち上がらせる。スミレ（f）が男児に交じって立

ち上がる。
　ヤマカワ先生が「あらあら，男の子はいないんですか？　男の子はこれだけ？」と再び，男児に声をかける。アサミ（f）が左隣に座っているカズキ（m）の背中を押す。ヤマカワ先生が「おやつ，いらないお友達がいるわー。早よ，カズキくん，行きましょう」と言う。ミチル（f），ミサキ（f），ノゾミがふざけて手を洗いに行こうとしないカンタ（m）のお尻を叩いたりして，手を洗いに行かせようとする。すると，ヤマカワ先生が3人に向かって「いいわ，いいわ，行かなかったら。おやつ，先生，食べるから。せっかく教えてくれてるのに」と言う。なおもカンタ，シンゴ，タイチ（m），ヤスト，アツシ（m）はその場に座ったままである。
　ヤマカワ先生が「じゃ，女の子，行きましょう，女の子，どうぞ」と男児が手を洗う様子を見て言うと，女児が立ち上がる。その女児たちのなかにシンゴとアツシがいる。ヤマカワ先生は「なんで，シンゴちゃんやアツシくんは女の子で行くのかな。男の子だよ」と言う。
　なおもカンタ，タイチ，ヤストは手を洗いに行こうとしない。サキ（f），スミレは立ち上がるが，なかなか手を洗いに行かず，ヤマカワ先生から注意を受ける。
（作野，2008　一部加筆修正）

　子どもたちは，11月を過ぎると，クラスの半数の子が3歳を迎え，保育者の性別カテゴリーによる統制を理解するようになる。この時期では，男児の約半数と女児の大半が保育者による性別カテゴリーに関する指示を理解できるようになる。
　そして，〔事例2〕のように，性別カテゴリーを理解できるようになった多くの女児が，保育者が日常的に行うような性別カテゴリーに関する言葉かけなどを模倣して他児に働きかけるようになる。働きかけを受ける子どもたちもそれを受け止め，保育者からの指示と同様にそれに徐々に応えようとする様子がとらえられた。そして，保育者も子どもの相互行為を利用し，子どもの働きかけだけではうまくいかない場合は援助したりして男児に手を洗うように促したり，個別に対応する様子が見られるようになる（作野，2008）。

(3) 性別カテゴリーへの帰属という学びを求められる2歳児

　〔事例1〕や〔事例2〕のように，保育者は，男女に分ける必然性のない場面でも性別カテゴリーを利用し，性別カテゴリーに関する集団帰属を理解して

いる子どもたちを他児に働きかける担い手としてその場面に巻き込みつつ，集団統制を行っている。また，この場面では，保育者にも子どもたちにも性別カテゴリーがわかりやすいように，予め座席をジェンダー・ステレオタイプで色分けしたり，男女別に整列させるなど，保育者による性別カテゴリーを用いた集団統制が機能しやすいように環境を整備していることがわかる。

　保育者が２歳児を性別カテゴリーを用いて，集団統制を行う理由には，次の３点が考えられる。第一に，たとえば，イルカグループやチューリップグループなど任意に作られたグループでは２歳児の理解が難しく，集団への帰属意識が形成しにくいことから性別カテゴリーが利用されていることが考えられる。第二に，保育者にとって，性別カテゴリーで男女を二分することがわかりやすく，利便性の高いカテゴリーであることである。第三に，２歳児で性別を理解することが発達課題とされていることである。保育者は，これらの理由から，意識的に性別カテゴリーを利用して集団統制を行っている。しかしながら，保育者自身が意図せざるところで，ジェンダーを強化していることには無自覚であると考えられる。この子どもの性別を理解するという認知的課題と意識的かつ無意識的な保育者の性別カテゴリーやジェンダー・ステレオタイプを用いた集団統制が結びついて，子どものジェンダー形成に保育者が大きく作用しているといえるだろう。

　子どもたちにとって，「男の子／女の子」という性別カテゴリーへの帰属を理解することは容易なことではない。このように，日常的に何度も性別カテゴリーを用いた集団統制場面が繰り返されることで３歳を迎える頃には，自分がどちらの性別カテゴリーの集団に属するのかを理解していくのである。そして，集団の一員としてのその後の集団活動への基盤をも培うのである。

　このように，子どもたちは保育者や仲間とともに長いプロセスを経て性別カテゴリーやジェンダー・ステレオタイプを獲得していく。このような子どもの性別カテゴリーへの帰属の学習は，保育環境という集団で生活をする場であるからこそなされる学習であり，これを獲得しないとこの場では，「生きていけない」のである。この行動ができなければ，保育者や仲間から指摘されたり，性別と自分の属する性別カテゴリーが適合しない行動をした場合は修正を余儀

なくされ，「適切に」性別カテゴリーに関する帰属を理解することを求められるのである。

また，子どもたちは，自己の性別カテゴリーと座る位置や座席の色，行動の手順などが関連していることを学んでいる。それらを理解した子どもは，理解できていない他の子どもに教える担い手となる。子どもたちは，2歳児という極めて早い時期から，ジェンダーを形成する主体として生きているのである（作野，2008）。

③ 子ども同士によるジェンダー形成

保育環境においては，保育者だけがジェンダーを用いてコミュニケーションを図っているのではない。〔事例2〕でみたように，子どもたちもまたジェンダーを働きかける担い手として機能しているのである。また，子どもは養育者や保育者からジェンダーの影響を受けるだけの存在ではなく，主体的にジェンダーを形成する存在であることが明らかになっている（河出，1993；藤田，2004）。

3歳以上になってくると，子どもたちが遊びや活動のなかで，ジェンダーを用いてコミュニケーションを行うことが見られるようになってくる。

コールバーグ（Kohlberg, L., 1979＝1966）によれば，3，4歳頃は，ジェンダー安定性の時期になり，男女がずっと同じ性別であることを理解するようになるという。しかし，男児が女児の活動とみなされているままごとなどをすると，性別が入れ替わったのかととらえることがあるという。5歳になると，ジェンダー恒常性の時期になり，ジェンダーが不変的なものであることがわかるとされている。

本節では，子どもたちがどのように性別カテゴリーやジェンダー・ステレオタイプなどの獲得したジェンダーを用いてコミュニケーションを行っているのか，事例を挙げ，検討していく。

(1) 男女の「二項図式」を理解している３歳児

〔事例３〕ブロックを片付けるときに，性別カテゴリーを利用した場面

　保育者が２つの空のブロック入れを用意し，そこに子どもたちが各自，遊んだブロックを片付けていく。１つのブロック入れにリサ（ｆ）がブロックを入れると，ソウスケ（ｍ）が「違うで，向こう，女やで」と大きな声で言うが，周囲の女児も構わず，ブロックを入れていく。ソウスケは「おい，女，向こうやで」とリサに言うと，リサは「女とか関係ないの」と一蹴する。
　ソウスケは「男はこっちやで，男だけ」と，近くのカズト（ｍ）に言うが，ソウスケの言うことに対して特に返答はない。ソウスケは「こっち，男」となおも言うが，周囲はソウスケの言ったことには関係なく，ブロックを片付けていく。

　〔事例３〕では，正義感が強く，ちょっと頑固な一面のあるソウスケが性別カテゴリーを言うことで，男児と女児の片付ける場所を区別しようと試みようとしていることがわかる。このような男女の二分法的な分け方は，自由遊びなどで子どもたちが形成する男児グループ，女児グループの場所とりなどでも，しばしば見られる。これは，〔事例１〕などで見られた保育者の性別カテゴリーの利用を模倣したものではないかと考えられる。
　この場面では，ソウスケの行為を自分の意見をはっきりと言う性格のリサが「女とか関係ない」と否定している。そして，ソウスケの行為はカズトにも同意が得られてない。このように，場面に応じていない性別カテゴリーの利用は，他の子どもたちに受け入れられないことがとらえられる。この「女とか関係ない」という言い回し自体も，保育者がよく用いる言葉かけで子どもたちがそれを取り入れて，対抗する手段にしていることがわかる。

(2)「性役割」を理解し始める３歳児

〔事例４〕ままごと遊びにおける役決めの場面

　ユキ（ｆ），ホノカ（ｆ），ハヅキ（ｆ）がブロックで遊んでいる。役を決めて遊ぶことにしたらしい。ハヅキは「ハヅキ，お母さん。お母さん，やるからな」と言うと，ユキは「いいよ，ユキ，お姉ちゃん」と自分の役柄を言う。ホノカは

「お兄ちゃん，お兄ちゃん，ホノちゃん，お兄ちゃんやる」と言うと，ユキが「それは男やで」と指摘する。
　そこで，ホノカは「ホノちゃんは女の子やねんで」と自分の性別が女児であることを言う。ユキは提案するように「赤ちゃん，やって」とホノカに言うと，ホノカは「ホノカ，お姉ちゃんやる，ホノちゃん，お姉ちゃんになったよ」と，お姉ちゃん役をすることを言い，ブロックで遊んでいく。

　〔事例4〕では，おとなしくほんわかとした雰囲気のホノカが「お兄ちゃん」役をしようとする。しかし，気の強いユキが「お兄ちゃんは男の子だから」と，女児が「お兄ちゃん」役をすることに対して，異議を唱えている。ホノカは「ホノちゃんは女の子」と言うように，自分自身の性別が女児であることを表明しているととらえられる。そして，ホノカはユキに指摘されたことで，ユキに提案された赤ちゃんではなく，「お兄ちゃん」から自分の性別に合う「お姉ちゃん」という役柄に改めて遊んでいることがわかる。〔事例4〕では，女児は女児にふさわしい役柄を演じなければ，逸脱とされてしまうことがとらえられる。子どもたちは，男女に割り振られた役割を理解し始めており，遊びに取り入れていると考察できよう。
　3歳児は，時としてさまざまな場面で性別カテゴリーを用いて，男女を分ける行為を行う。しかしながら，〔事例3〕のように，性別カテゴリーによる類別が場面にふさわしくないと仲間に反論されてしまうこともある。子どもたちは，日々の活動のなかで，性別カテゴリーを用いるのがふさわしい場面なのか，そうでないのかを仲間とやりとりしつつ学んでいるのである。
　また，3歳児は，女児が「お兄ちゃん」にはなれず，「お姉ちゃん」になることを知っており，性別と役柄が適切に結びついていないと，指摘され改めさせられるのである。3歳児は，仲間と相互行為を積み重ねていくことで，男／女という「二項図式」を理解し，役割を男女に割り振ることができるようになっていくのである。そして，子どもたちはこのような役割を理解していくことで，今後，男女に割り振られたさまざまな「性役割」をとらえていくことが考えられる。

(3) 男女特有の価値を理解できる4歳児

〔事例5〕自由遊びをしているときに，モノのやりとりをした場面

　各自，粘土，お絵かき，ぬいぐるみ遊び，ままごとなど自由に遊んでいる。
　タツヤ（m）とタケヒロ（m）は一緒にお店屋さんごっこをして遊んでいる。そこに，ケイタ（m）やシンスケ（m）などがお店にモノを買いに来る。しかし，2人は「お金がないとダメ」とか「お金が少ない」などと言い，彼らに買い物をさせない。
　そこに，ユイナ（f）が買い物にやってくる。ユイナは「電話，ほしい」と言う。タツヤが「ユイナはお金，払わなくていいよな」とタケヒロに聞くと，タケヒロが頷く。タツヤはユイナに電話を渡すと，ユイナは「ありがとう」と受け取る。それを見ていたケイタがタツヤに「なんで」と聞く。すると，タツヤは「かわいいから」と答えた。

　集団行動は苦手だが，いろいろな子どもの遊びに入っていって自分が思ったことをやり通そうとする意志の強いタツヤと，集団行動を引っ張っていく力のあるクラスではリーダー格のタケヒロがお店屋さんごっこをしている。彼らは，今まで「お金がない」という理由で，男児の買い物客を受け付けなかった。しかし，おとなしくて見た目もかわいらしいユイナには電話を無料で渡した。その様子に，ケイタは疑問を投げかけるが，タツヤは「かわいいから」という理由を返答した。このように，「かわいい」ということで女児が優遇されることもあることがわかる。

　タツヤはユイナに電話を渡す理由を「かわいいから」としており，子どもたちのなかで，女児特有の「かわいい」という価値付けがなされていることがとらえられる。子どもたちは，「かわいい」や「かっこいい」という性別と適合するような形容詞を用いてコミュニケーションを行っている。また，子どもたちは女児が「かわいい」か否かという価値付けをなされることを理解しているのである。

(4) ジェンダーをからかいに用い始める4歳児

〔事例6〕男児が女児向けのキャラクターを持っていたことでのいざこざ場面

　保育者が横4列に並べた木の椅子を机代わりにして，子どもたちそれぞれが給食の準備をする。

　給食の前にエイタ（m）がピンクのプリキュアのポケットティッシュを持っていたことに対して，ヨシト（m）が「<u>ラブラブや，ラブラブや</u>」と発話する。ショウタ（m）も「<u>エイタ，ラブラブや</u>」とからかうように言う。しかし，エイタは，自分が持っているピンクのティッシュを2人に再び見せる。ショウタとヨシトはそれを指差してからかう。

　ショウタは再び「<u>エイタ，ラブラブや</u>」と言う。ヨシトは「ほらーっ」と周囲にエイタがピンクのプリキュアのティッシュを持っていることを示すように言う。

　給食の配膳をしているタカハシ先生が，そのからかいを収めるように子どもたちに声をかける。タカハシ先生は「（汁碗を）お隣にどんどんまわしていって」とエイタに言う。すると，エイタは「お隣へ」と節をつけて歌うように言いながら，保育者の指示に従い，汁碗をまわしていき隣のハルト（m）も加わる。

　ショウタは「<u>ラブラブ</u>」と，またもや，エイタをからかうが，エイタは特に反応しない。

　ショウタは「<u>エイタ，ラブラブなんだぜ</u>」と隣のダイキ（m）に言う。ヨシトは「<u>ラブラブなんだって</u>」と言うと，ソウスケ（m）はその会話に加わり，「<u>違うで，女の子のティッシュなんだぜ。エイタ，女なんだって</u>」と笑う。

　〔事例6〕では，お調子者でちょっと他の子と比べて幼い印象のあるエイタが持っているポケットティッシュがピンクで女児に人気のあるキャラクターのプリキュアのイラストがついたものであったことから，他の男児から，からかいの標的になっている。エイタとしては，それを持っていることに抵抗はなさそうであり，何に関してからかわれているのか，よくわからないようであった。

　クラスの遊びのリーダー格であるショウタとヨシトは遊び仲間である。彼らは，プリキュアのイラストに触発されて，「ラブラブ」というようにからかい，それをダイキやソウスケに伝播させていく。そして，最後には，ソウスケが「女だ」と言い，「ラブラブ」とはややレベルの異なる断定的な指摘をする。このように，子どもたちのもっているジェンダーの知識と相反する言動は，からかいの資源として活用されることがわかる。からかいの方法として，「プリキュ

アを持っているのは女」だというような表現ではなく,「ラブラブ」とからかっているのが特徴的である。〔事例6〕のように,子どもたちは「ラブラブ」という言い回しに何らかの男女を表すニュアンスがあることを理解しているのである。

　大人の視点から見ると,ジェンダーやセクシュアリティを含んだからかいなどのコミュニケーションは,ネガティブにとらえられることもあるだろう。しかし,子どもたちは,獲得したジェンダーやセクシュアリティの意味合いのなかで「タブー」とされる一面をお互いにやりとりすること自体が楽しかったりするのである（掘越・無藤,2000）。

　4歳児は,ジェンダーに関して,〔事例5〕のように男女に特有の価値を理解したり,〔事例6〕のようにからかうことに利用することができるのである。このように,4歳児は,3歳児とは異なり,「ラブラブ」など男女を表す意味合いに関しても,興味関心をもち,コミュニケーションに取り入れていることがわかる。

4　保育環境でジェンダーを理解するということ

　これまでみてきたように,子どもたちは,保育環境で子どもたち同士で「男の子らしさ」や「女の子らしさ」を共同生成していることが明らかになった。子どもたちは,ジェンダーの価値を理解し,時に男女の差異を指摘したりして,子どもたち同士でジェンダーの強化を行い,男児であること,女児であることを相互に強く意識し合う主体として2歳という極めて早い時期から働いていることがわかった。また,保育者の意図せざるような場面や意味合いでもジェンダーを取り入れてコミュニケーションを図っていることが考察できた。

　子どものジェンダー形成は,容易になされるわけではない。これまでみてきたように,子どもたちは,「男の子―青」「女の子―ピンク」というような性別と何らかの事項を関連づけることを何度も理解できなかったり,さまざまな場面で修正を求められたりすることをとおして,徐々に時間をかけてジェンダーを形成していくと考えられる。それは,1人だけではできず,他者がいる環境,

すなわち，集団のなかでなされる学習であり，子どもたちにとって1人ひとりが自分の性のモデルであるといえるだろう。子どもたちは仲間とかかわりをもちながら，互いにジェンダーを学び，子どもたちなりに形作っていくと考えられる。

このように，保育環境において子どもたちは男女の差異を見出したり，価値付けたりして，ジェンダーを発達的に学んでいく。このような子どもたちの保育環境でのジェンダー的学びは，今後の学校段階においてさまざまなジェンダーを獲得し，コミュニケーションを行っていく端緒に過ぎない。

また，子どもたちは保育環境だけではなく，家庭環境における養育者のしつけやジェンダー観，アニメなどのマスメディアの影響もあってジェンダーを獲得していくことにも留意しなくてはならない。また，ジェンダーの獲得には個人差などもあることも指摘しておく必要があるだろう。

子どもたちは，性別によって遊び方が異なったり，同性同士で遊ぶことを選好することも考えられる。保育者は，子どもがジェンダーにとらわれて，性別によって遊びが制限されたり，仲間関係の広がりが見られなくなったりしないように，ジェンダーにセンシティブになり，適切な援助をしたり，自分自身の子どもたちへの言葉かけや働きかけを見直すことも必要である。

考えてみよう

① 日常生活のなかで，どのようなことを「男らしい」「女らしい」と思っているのか，考えてみよう。

② 保育者の子どもに対する言葉かけや子どもたちの遊びのなかで，どのようなジェンダーにまつわるコミュニケーションがあるのか，考えてみよう。

【引用参考文献】
河出三枝子，1993，「ジェンダー・フェイズからの幼児教育試論―保育現場におけるジェンダー・プラクティス―」『岡崎女子短期大学研究紀要』26.
木村涼子，1999，『学校文化とジェンダー』勁草書房.
コールバーグ，L., 1966＝1979,「子どもは性別役割をどのように認知し発達させるか」

マッコビー，E. 編『性差：その起源と役割』（池上千寿子・河野貴代美訳）家政教育社.

作野友美，2008,「2歳児はジェンダーをどのように学ぶのか―保育園における性別カテゴリーによる集団統制に着目して―」『子ども社会研究』14.

藤田由美子，2004,「幼児期における『ジェンダー形成』再考―相互作用場面にみる権力関係の分析より―」『教育社会学研究』74.

堀越紀香・無藤隆，2000,「幼児にとってのふざけ行動の意味―タブーのふざけの変化―」『子ども社会研究』6.

森繁男，1995,「幼児教育とジェンダー構成」竹内洋・徳岡秀雄編『教育現象の社会学』世界思想社.

結城恵，1998,『幼稚園で子どもはどう育つか―集団教育のエスノグラフィー―』有信堂高文社.

第9章 育児メディアの変遷

天童 睦子

　子育て環境は時代とともに移り変わる。育児にかかわる知識・情報の伝達のあり方も，社会構造や家族構造，親の価値志向などと密接に関わりながら変化してきた。本章では育児知識・育児情報の伝達媒体としての育児メディアに注目し，その趨勢分析を通して，子育て期の親の育児意識の変容と社会構造とのかかわりを考察する。

1　育児メディアの登場とその背景：1960-70年代

(1) 育児知識の伝達と子育ての変容

　育児知識とは，子どもをどう育てるかという価値，信念，規範意識の総体であるとともに，日々の育児行為，しつけ，子どもの発達にかかわる日常的・実践的知識である。

　育児知識の伝達には，人づてのパーソナルな伝達方法と，育児書，育児雑誌，インターネット情報等のメディアを媒介とした伝達方法がある。かつて育児知識は，親から子へ，母から娘へ，姑から嫁へ，あるいは幼い弟妹や身近な子どもの世話を通して，日常的営みのなかで世代を超えて伝えられるのが主流であった。一方，日本で育児書や育児雑誌といったメディアを介した育児知識の伝達が広がりを見せたのは，戦後の高度経済成長期以降のことである。

　ここでは，おもに1960年代以降の育児雑誌（妊娠・出産・育児・教育情報誌を含む）の登場と変遷を整理しながら，子育て環境と社会化エージェントとしての親の育児意識の変化をみていこう[*1]。

(2) 育児書と近代的育児の模索

　戦後の育児書や育児雑誌の登場と興隆は，主な読者層である母親の子どもの健康，しつけ，教育への配慮と関心の高まりが大衆化したことの表れである。育児書，育児雑誌の機能は，育児に関する知識と情報を提供する媒体であり，どちらも親族や地域の人々からといったパーソナルな情報入手の代替的機能を果たすメディアという点で共通点がある。ただし，育児書がより医学的・専門的な育児知識の伝達媒体であるのに対して，育児雑誌は平易さ，読者の身近な話題，現代の育児方略に対応した流動性と柔軟性をもつメディアとして浸透した。

　また，1960年代の育児書の広がりは，育児知識の伝達のあり方に大きな変化があったことを示している。戦後の高度経済成長期，育児を取りまく環境，もの，人々の価値観が変化し，先行世代の育児経験は必ずしも役立つものとはいえなくなっていた。近代的育児法の模索のなかで登場したのが，医師や専門家の手による「科学的な育児の知識」の伝達媒体としての母親向け育児書であった。その代表格は『スポック博士の育児書』（1966年に翻訳が出版）や小児科医，松田道雄の『育児の百科』（1967年）であろう。60年代には，赤ちゃんの体と心の発達とケア知識を網羅した「百科」スタイルの育児書が次々と出版されたが，それに続き，登場したのが育児雑誌メディアである。

(3) 育児雑誌の登場と「よりよい子育て」

　育児雑誌の草分け『ベビーエイジ』第1号（1969年創刊：婦人生活社）には次のような読者（母親）からの手紙が掲載されている。「はじめてママになる私の，よいアドバイザーになってくれるような本にしてください。」

　育児雑誌は，「はじめての育児」のとまどい，身近な相談相手の不在のなかで，子どもをしっかり育てなくては，と育児に励む若い母親の育児不安を解消し，安心感を与える実用的メディアとして登場した。

　この時期の育児雑誌の記事内容の特徴は，日常的・具体的な育児方法（食事，衣服，しつけなど）の紹介，専門家による科学的育児知識（子どもの発育，病気，生理，心理など）の平易な解説，そして投稿記事をベースとした母親の疑問や

悩みの共有といった誌面構成であった。70年代の育児雑誌に，赤ちゃんの発育，病気，しつけなどの専門的知識について「その道の権威」にわかりやすく答えてもらう記事内容が多いのは，若い親たちの「科学的でモダンな育児」という理想に応え，「よい子を育てる」情報誌としての機能が求められたためといえるだろう。

1970年前後の育児雑誌の登場期は，戦後のベビーブーム世代が出産・育児期を迎えた時期である。合計特殊出生率は1973年の2.14をピークに下降線を描きはじめた。一方，創刊当初隔月刊であった『ベビーエイジ』は半年後には月刊誌となり，73年に創刊された『わたしの赤ちゃん』（主婦の友社）とともに発行部数を伸ばしていった。70年代末の両誌の発行部数の合計は33万部に達している。子どもの数の減少と反比例するような育児雑誌の発行部数の増加はどのような意味をもっていたのだろうか。

(4) 母親の育児責任の強化と「教育家族」

70年代，育児雑誌が都市部を中心に一定の読者層を獲得した背景には，親の育児意識と子育て環境の変化があった。それはメリトクラシーのイデオロギーにもとづく「教育家族」の浸透と，性別役割分業体制のなかでの「母の孤立化」である。

歴史を振り返れば，子どもへの教育的配慮を重視する「教育家族」は，大正期の都市部の新中間層から始まった。当時，新中間層の家族は，生産と消費の分離，主婦としての女性・母の役割の強調，子ども中心主義，個人志向的社会化を特徴としたが，彼らは世襲的な家業をもたないため，親は子どもたちに「学歴」という制度化された文化資本を獲得させることで，自らの社会的地位を再生産する必要があった。このような新中間層の家族の子育て観が広く社会に浸透したのは，昭和期の戦争と戦後の民主化を経て，高度経済成長期以降のことである。

戦後から高度経済成長期にかけての産業構造の変化に伴い，雇用者比率がいちじるしい上昇を示すなかで，子どもにできるだけ「いい教育」をして，将来「いい職業」に就かせたいとする，親の教育意識が一般化していった。産業化，

都市化，教育水準の向上といった社会変化に対応しつつ，親たちがとった出生行動は，子どもの数を減らして，子ども一人あたりの投資を高める再生産戦略であり，そのような育児と教育意識を支えたのがメリトクラシー（業績主義・能力主義）のイデオロギーである。

　また，1960年代後半から70年代前半は，日本において「近代家族」の理念と形態が一般化した時期でもある。産業構造の変化は，男女の生活構造，家族構造にも変化を及ぼした。既婚女性の多くは，都市部の賃金労働者（夫）をささえる専業主婦の役割を担う存在となり，夫は稼ぎ手役割，妻は家事・育児という性別役割分業システムに割り振られていった。さらに，家族規模の縮小（小家族化）と家族構成の変化（核家族化）のなかで，かつて親族や地域の多様な人間関係に支えられ，複数の手によって営まれていた育児は，母親のみの肩に重くのしかかってきた。育児にかかわる人的資源を十分にもたない母親たちは，孤立無援の「必死の子育て」（『ベビーエイジ』第１号，1969年）を余儀なくされていく。身近な育児の相談相手の不在，性別役割分業における妻・母役割への特化といった社会状況のなかで，育児メディアは，子育て初心者の母親の育児知識と情報の提供メディアとして，広く読者層を獲得していったのである。

２　妊娠・出産情報誌と「産む私」のヒロイン化：1980年代

（１）妊娠・出産情報誌の登場

　1980年代の育児メディアの特徴は，妊娠・出産情報誌の登場にある。1985年４月に『ベビーエイジ』の姉妹誌として『マタニティ』（婦人生活社）が出版されたのを皮切りに，『P and』（1985年：小学館），『Balloon』（『わたしの赤ちゃん』の姉妹誌　1986年：主婦の友社）と，マタニティ雑誌の創刊が相次いだ。

　80年代は女性の晩婚化・晩産化が進み，一定の職業キャリアを積んでから，30歳代で初めて子どもをもつ女性の比率も上昇傾向にあった。女性のライフコースとして自明視されていた結婚や出産は，次第に「熟慮の対象」となり，「子どもをもつこと」は意識的な「選択」の要素を強めていった。

　マタニティ雑誌には，妊娠・出産という「初めての体験」の不安を解消する

ための，平易な医学知識の伝達媒体としての機能が求められていた。90年代にはそれらの記事内容に加えて，「出産を待つ体」，「ヒロイン妊婦宣言」，「出産したらもっときれいに」と，出産前後の「母の身体」への関心や，妊娠期を楽しもうという「イベントとしての妊娠・出産」記事が目立ち始めた。このような誌面構成からは，「産む身体」としての「女性のヒロイン化」の表象が読み取れる。

女性にとっての「子どもの価値」について，心理学的調査をもとに分析した柏木によれば，子どもを産む理由として，高年齢層の母親には「結婚したら産むのは当たり前」「次の世代をつくるため」との理由が多いのに対して，若い世代の母親では「条件を考慮したうえで，自分のために」子どもを産むと考える傾向が強いという。女性の「体験欲求としての妊娠・出産」意識の高まりは，子どもを「つくる」時代の到来と，選択としての「親になること」の価値志向を表すものといえるだろう（柏木，2001，p.79）。

(2) パーフェクトベビーの欲望

80年代は「産むこと」をめぐって，医療技術レベルでの変化が起きていた。日本では80年代後半から生殖補助技術（人工授精や体外受精）による出生数が次第に増加した。90年代には妊娠・出産情報誌の誌面にも，「おなかの赤ちゃん成長図鑑」といった超音波画像の記事や，「男女児の産み分け」，「出生前診断」などの最新の医学情報記事も登場している。

90年代半ばには『赤ちゃんが欲しい』（1995年：バルーン編集部による特別誌）と題する妊娠を望む女性向け情報誌が発行され，同誌には「受精のメカニズム」，「不妊原因」といった医学知識から，「産院選び」や「全国子宝温泉」特集まで，「子どもをつくる」ための情報記事が掲載されている。

生殖医療の進歩は，子どもを望む夫婦や女性にとって人生の選択肢を豊かにする「福音」とみなされることが多い。2002年の「出生動向基本調査」では4組に1組の夫婦が「不妊の心配をしたこと」があり，13％がなんらかの不妊検査・不妊治療を経験したとの結果もある（社会保障・人口問題研究所，2004）。しかし，「つくる」時代の「子ども」への欲求は，「子どもがいてこそ完璧な家

族」といった家族主義的イデオロギーと結びつく可能性もある。また、生殖技術の高度化のゆくえは、「受精卵の選別や遺伝子操作」を可能とする「生殖テクノロジー」の商品化ともかかわって、不妊に悩むカップルの願望をはるかに越えた「パーフェクトベビーへの欲望」（金井, 2002, p.12）を増大させるリスクにも、留意する必要があるだろう。

3 参加・共感型育児雑誌の興隆：1990年代

(1) 読者の共感と本音の育児

1990年代、日本社会が出生率の低下傾向に「少子化」問題としてのまなざしを向けだしたころ、育児メディア界には大きな変化があった。妊娠・出産・育児の一貫誌『たまごクラブ』と『ひよこクラブ』の参入（1993年創刊：ベネッセコーポレーション）である。

『たまごクラブ』（妊娠・出産期向け）と『ひよこクラブ』（育児期向け）は、90年代半ばには発行部数で既存の出産・育児情報誌を追い抜き、やがて旧来型の育児雑誌を休刊・廃刊に追い込むほどの勢いを見せるのであるが、両誌は、90年代半ばから2000年代初頭の育児雑誌メディアの盛況と再編の火付け役となった。

2000年初頭に育児雑誌業界は発行部数のピークを迎えたが、当時日本で発行された主な市販の育児関連雑誌（育児雑誌、および妊娠・出産期の母親向け雑誌を含む）は50誌以上を数え、発行部数が10万部を超えるものも20誌以上、年間の総発行部数は1493万部に及んだ（2001年）。

90年代型育児雑誌の特徴は、「読者の共感」にもとづく「本音の育児」を前面に打ち出した点にある。たとえば『ひよこクラブ』では、読者アンケート、読者モデルの多用、全国から「ママ記者」を募集し地域密着型情報を織り込むなど、「母親目線」の誌面作りを徹底した。創刊当初から「赤ちゃんは育児書通りに育ってくれなーい」（『ひよこクラブ』1993年創刊号）と育児書的な正当知識の伝達とは距離を置き、「ママの立場に立って悩みを解決」（同1994年2月号）しようとするスタンスがとられている。90年代の読者たちは、「妊婦や母はこ

うあるべき」という権威的・正当的なメッセージよりも、身近な読者の体験にもとづく「参加型」の情報メディアに共感を覚えたといえるだろう。また、写真・絵・イラスト入り記事の比率が拡大したのも「楽しむ育児」を強調する90年代型育児メディアの特徴を示すものといえる。

(2) 育児雑誌が読まれる理由

ここで、育児メディアがどのように母親たちに受容されていたのかを、90年代に実施した調査をもとにみてみよう。

首都圏の、幼稚園児をもつ父母約1600組対象の質問紙調査「教育期待と育児戦略に関する調査研究」(以下「育児戦略調査」と記す：早稲田大学教育社会学研究会編、1999) から、母親約1000人の回答をもとに、育児知識の入手先をみると、母親の育児知識・情報の入手先は、人づてのパーソナルな入手 (近親者や近所の人から) と、育児メディア (育児雑誌、育児書、テレビ・ラジオの育児番組等) に大別できる。「もっとも役立ったもの」(1位) では、親や親戚から聞いたこと (40.1％) が全体の4割を占め、近所の人から (10.7％) は1割、「育児雑誌」(11.9％) と「育児書」(9.9％) の合計は全体の2割である。上位3つまでの合計をみると、①親や親戚から聞いたこと (70.1％)、②育児雑誌 (43.3％)、③近所の人から (36.5％) があげられている。母親たちの育児知識の情報源として、パーソナルな関係性のなかでの育児知識と情報の入手とともに、育児メディアの存在が重要な位置を占めていたことがわかる。

子どもの出生順では子どもが第1子の場合に、また自分 (母親) の親の居住地が遠いほど、育児書、育児雑誌からの情報入手が高まる傾向がみられた。育児書の利用者層はやや高学歴層の母親に偏るのに対して、育児雑誌の利用は、幅広い層で読まれる傾向がある (天童、2004、pp.62-64)。ほぼ同様の傾向は、都内の母親を対象とした他の子育て情報調査でも明らかにされている。村松の分析では、育児雑誌は母親が若いほど、子どもが少ないほど、そして第1子の年齢が低いほど利用されているという (村松、2000、pp.117-119)。

また、「育児戦略調査」では、母親たちが育児雑誌を読む理由として、①子どもの発達や病気など、子どもの体のことがわかるから (88.1％)、②育児相談

表9-1 育児メディアの変遷と社会的動向

年代	育児メディアの変遷	育児言説の特徴	社会的動向
1960〜70年代	育児書の普及 育児雑誌の登場	科学的育児法 よりよい育児の模索	高度経済成長期 近代家族の浸透 核家族化
1980年代	妊娠・出産情報誌の登場	出産のイベント化 妊婦のヒロイン化	晩婚・晩産化の進行 男女雇用機会均等法制定（1985）
1990年代	読者参加・共感型の育児雑誌の興隆	楽しむ育児・本音の育児 父親の育児参加	少子化の社会問題化 育児休業法施行（1992） 男女共同参画社会
2000年代	父親向け育児・教育雑誌の登場	文化資本の伝達 再生産戦略 ペアレントクラシー	格差社会 ジェンダー分業の再編

出所）天童編, 2004, p.26をもとに作成

など身近な話題がのっているから（75.9％）が多い。③読んでいて楽しい（30.4％），④しつけのしかたがわかる（28.4％），⑤子どもの教育情報の入手のため（26.8％）も3割前後あり，⑥読むと安心する（16.5％）は2割弱であった（上位3位までの計）。このことから，育児雑誌は，子どもの発達，身体，健康，しつけに関する知識・情報の伝達メディアとしての機能とともに，90年代型育児雑誌の特徴である「楽しさ」，「安心」を提供する共感メディアとして，母親たちに受け入れられたことが読み取れる。

(3) 公園デビューと都市型コミュニティ

上記調査に並行して行った，子育て期の母親への聞き取り調査と母親の自由回答記述からは，母親の人間関係の悩みも浮上した。「ママ友（同年代の子どものいる友人）からのアドバイスが子育ての悩みを楽しみに変えてくれる」との回答がある一方，「考えの違う他の親に合わせるのが大変」「親同士のつきあいがつらい」といった回答もあり，子育て期の母親同士の育児ネットワークの形成途上で，排他的な「母と子」グループが陥る「子育ての困難」がみられた。

90年代初め，育児雑誌『プチタンファン』（婦人生活社）誌上に登場した「公園デビュー」ということばは，地域の母子グループへの参入にともなう「緊張」

と，開かれた空間であるはずの公園で繰り広げられる都市型コミュニティの「閉鎖性」を示すものであった。都市型コミュニティの匿名性，流動性，異質性のなかで，「母子グループ」という同質性の強い集団が形成されると，今度は「新参者」に対して過度に排他的・閉鎖的になることによって，逆に内部の凝集性を強化する作用が生まれやすい。「公園デビュー」はこのような都市型コミュニティが抱える「包摂と排除」という両義性を表すものであったのである。

4　「子育てする父親」像の構築：90年代から2000年代へ

(1) 父親の育児参加をめぐって

　90年代以降の育児雑誌に立ち現れたもうひとつの変化は，「子育てする父親」像の構築である。

　すでに70年代，育児雑誌の誌面には育児に「協力」する父親像が「友愛家族」の理想イメージのもとに描かれていたが，「父親の育児参加」が誌面で取り立てて語られるようになった80年代を経て，90年代の誌面では，「（夫婦）二人で育児」の共同育児言説が，父親関連記事の主流となっていく。

　90年代，『ベビーエイジ』の特集記事「集まれ！平成パパたち」（1990年8月号）では，「仕事第一の昭和パパ，二人で育児の平成パパ」といったカテゴリー化のもとで，稼ぎ手役割だけではない，ケア役割も対等に分かち合う「新しい父親像」が志向されている。『ひよこクラブ』でも「全国カリスマパパ大集合」（2000年6月号）と，育児・家事に熱心な父親が誌面を飾った。

　また，『バルーン』の男性・父親版『Men's Balloon』（1995年：主婦の友社）が単発ではあるが発行され，パートナーの妊娠・出産にも「自然体で臨むDad」との表現で，新しい父親像が提示され出した。

　90年代以降，母親向け育児雑誌の一部には「子育てだけではないキレイなママ」，「子どもがいて輝く私」を標榜する「母のファッション」誌の傾向が現れたが（たとえば『Como』1990年創刊），2000年代半ばには子育て期世代の男性向け雑誌にも「家族との休日を大切に過ごすスタイリッシュな父親像」が登場している（たとえば『Oceans』，『FQ Japan』，ともに2006年創刊）。このような男性

（父親）向け雑誌の誌面からは，ステレオタイプ的稼ぎ手役割の男性像とは一線を画す，仕事だけではない，私的生活の充実を重視する父親像が見出される。とはいえ，ファッション重視のメディア空間に映し出されるのは，子育てや子どもを主軸にすえた育児雑誌とは異なり，「幸福な家庭」のなかで豊かな「モノ」に囲まれた生活を営む男女の「ファッションとしての子育て」の表象であり，そこに登場するのは「子育てする親」像を補完する「消費記号としての子ども」といえよう（ボードリヤール，1995）。

(2) 父親の育児意識と育児情報の入手

では，実際の父親たちの育児意識や育児情報の入手先はどのようなものだろうか。幼児をもつ父親の意識調査（天童編，2007）の結果からみておこう。

2006年に筆者が名古屋市とその近郊で行った幼児をもつ父母の子育て意識調査（幼稚園11ヵ所の協力を得て幼児をもつ父母1600組を対象に行った質問紙調査，有効回答数　父親 1099票，母親 1173票：以下「名古屋子育て調査」と記す）の結果を見ると，子育て期の父親の育児参加意識は比較的高い。たとえば「母親が専業主婦であっても父親は積極的に育児にかかわるのがよい」との考えに肯定的な割合は高く，父親の8割弱（77％）（同調査の母親では95％），「父親は子どもと毎日コミュニケーションをとるべき」の設問では父親の9割（89％）（母親90％）が「そう思う」と回答している。ただし，父親の日常的子育て実践は限定的で，ほぼ毎日，「家族と夕食をともにする」父親は全体の3割弱（27.6％），「子どもを寝かしつける」は1割（11.9％），「本を読んで聞かせる」は2％足らずとの結果であった（天童編，2007）。子育て期の父親たちが，家族志向，子育て関与志向をもちながら，実際の育児関与には限定的にならざるをえない実情は，首都圏で行った都市部の父親調査の分析結果ともほぼ共通である（矢澤・国広・天童，2003）。

「名古屋子育て調査」から父親の育児情報の入手についてみると，親や親戚，友人といったパーソナルな人間関係からの情報入手と，育児メディア（育児書，育児雑誌，インターネット情報，新聞・テレビの育児情報）からの入手が二大情報源となっている（上位3つを選択）。人づての情報入手先は，父親の回答では「親

や親戚から」が7割（73%）と高く、「友人」44%、「近所の人」11%と続く。同じ設問の母親の回答は「親や親戚から」73%、「友人」68%、母親「近所の人」14%であった。育児メディアからの情報の入手についての父親の回答は「育児雑誌から」17%（母親 27%）、「育児書」11%（母親 18%）、インターネット17%（母親 10%）、新聞・テレビ23%（母親 19%）となっている。父親にとっても育児情報の入手において育児メディアが一定程度活用されていることが確認できる。

なお、調査対象は異なるものの、90年代末の「育児戦略調査」（母親による回答）ではごく少数だった「インターネット」による情報入手が、2006年の調査では一定の割合を占めるようになってきており、今後、育児メディアのインターネット化が進むことも考えられる。

ところで、90年代末から2000年代初頭、子育て調査で複数の幼稚園・保育所を訪れた際、ベテランの先生、保育者への聞き取りからはいくつか共通する内容が挙げられた。子どもは変わらないが親を取り巻く育児環境は変わったとの意見、90年代に父親の主体的な参加が目立ってきたこと、そしてもうひとつは、園の行事で親の統制が取りにくくなったという悩みである。

「統制の取れない親」の事例は、たとえば運動会で走る子どもを撮影するためトラックのなかに走り出てまでも、我が子をカメラのフレームの中央に収めようとする親の登場である（近年は撮影機器の進化もありそのような親は減少したかもしれない）。このエピソードは、家族にとっての「子ども中心主義」のゆくえを示すようにも思われる。

本章では最後に、父親向け育児・教育メディアの登場と、ペアレントクラシー時代の子育てについて考察することにしよう。

(3) 父親向け育児・教育メディアの登場と再生産戦略

2005年、ビジネスマン向け雑誌を手がける出版社が「お父さん、出番です」（『日経 Kids+（プラス）』創刊号：日経BP社）を謳い文句に、子育てと教育に特化した育児・教育情報誌を創刊した。それまで、育児雑誌は乳幼児期の子どもをもつ母親向けメディアが主流であり、幼児から小学生の子どもをもつ父親・家族をタ

ーゲットに出された雑誌は，ほとんど類を見ないものであった。

『日経 Kids+』と時を同じくして，『プレジデント Family』（プレジデント社：2005年季刊誌，2006年から月刊）が創刊され，また『edu』（エデュー）（小学館：2006年），『AERA with Kids』（朝日新聞出版：2007年，季刊誌）など，育児だけでなく家庭教育や「父親の子育て」に目配りした内容の雑誌の出版が相次いだ。

なかでもビジネスマンの父親向け育児・教育情報誌の代表格『プレジデント Family』の特集記事には，「人気の中高一貫校で伸びる子，伸びない子」（2006年12月号），「頭のいい子が育つ家のルール」（2007年1月号），「年収1億円を稼げる子の育て方」（2008年5月号）といった内容が掲載されている。またその記事内容の分析からは「大学，学力，受験，頭のいい子」などが頻出用語となっていることからわかるように，雑誌読者への明示的メッセージは，子どもへの文化資本の伝達と，階層の再生産戦略である。このようなビジネスマンの父親向け育児・教育情報誌の登場期に，日本社会が経済格差，教育格差といった「格差社会」の言説に揺さぶられていたことは想起しておくべきだろう。

(4) ペアレントクラシー時代の子育てのゆくえ

現代の「子育てする父親」像は，過去の性別役割分業規範にもとづく父親像とは同じではない。子育て責任を母親任せにせず，父親も「家族重視・家族志向」という点においては，「ケアラーとしての父親」像を体現しているといえる。ただし，その根底にあるのは，ケア役割の分かち合いといったジェンダー中立的価値志向というより，「メリトクラティックな価値の実現」を志向する，ペアレントクラシー（parentocracy）の子育てイデオロギーである。

ペアレントクラシーとは，子ども自身の努力や能力次第で社会的地位が決定するというメリトクラシーのイデオロギーに代わって，親（大人）の「資本と意欲」にもとづく個人的「選択」が，育児と教育の戦略を大きく左右することを意味する（Brown, 1995；天童, 2004, pp.135-138）。

本章でみてきたように，育児メディアの登場と興隆の最大の理由は，親の子どもの健康，発達，しつけ，教育への配慮と関心の高まりであった。「丈夫で元気に育ってほしい」という親の素朴な願いが，「よりよい子ども」，「よりよ

い子育て」,「幸福な家族」という願望へと高まるとき,そこに登場するのはペアレントクラシー時代の「教育家族」の姿である。

　子どもへの配慮を高め,子ども中心の「幸福な家族」を追求する親の価値志向は,ある面では,子ども中心主義の体現のようにも見える。しかしながら,バーンスティンの「見えない教育方法」(Bernstein, 1977) をふまえて柴野が述べるように,「幼児教育において,人間に関する普遍主義的な科学的研究の行きついた頂点に位置する子ども中心（child-centred）の基本理念」は,「新中産階級の文化的再生産の教育イデオロギー」と矛盾しつつも重なりあう（柴野, 1989）。現代の子どもの自主性,自発性を重んじる個人志向的社会化（見えない教育方法）は,自己選択にもとづく柔軟な役割遂行や,自己裁量による決定力に特徴づけられるが,それは逆説的に,子どもの「個性」や「自発性」を整えるべく,我が子のために経済資本と感情資本の「投資」戦略を図ろうとする親の価値志向と合致しやすい。加えて,「社会化エージェントの依拠すべき規範が後退し,集団本位から個人本位の教育へと移行」した現代社会においては,「親と家族の育児・教育責任」の文脈のもとで,見えない統制は強化されていく（柴野, 2008, p.66）。

　育児メディアの変遷は,家族と教育伝達の変容を映し出す。現代社会において,育児・教育メディアの情報利用も視野に入れ,子育てに励む家族とは,ペアレントクラシー（親中心主義＋家族責任の重視）のイデオロギーのもとで,密かに我が子の卓越（distinction）を願い,子どもへの文化資本の伝達の実現を図る,再生産の個人化戦略にもとづく家族なのである。

考えてみよう

① 育児メディアの変容と親の子育て意識の変化を整理してみよう。

② 育児メディアと性別役割分業のかかわりを考えてみよう。

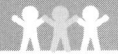

【注】

1　本章の育児雑誌の記事内容分析は，天童編（2004）を参照。育児雑誌には市販の育児雑誌以外にも，行政の手による冊子など多様な種類があるが，本章では商業ベースの育児雑誌に限定して，その趨勢分析を行っている。その理由は市販の雑誌という性質上，読者のニーズに即応するメディアであり，読者である親の価値や意識の変容を把握しやすいと考えたためである。

【引用参考文献】

柏木惠子，2001，『子どもという価値』中央公論新社．
金井淑子，2002，「身体・差異・共感をめぐるポリティクス」金井淑子・細谷実編『身体のエシックス／ポリティクス—倫理学とフェミニズムの交叉—』ナカニシヤ出版．
柴野昌山編，1989，『しつけの社会学—社会化と社会統制—』世界思想社．
柴野昌山，2008，「見えない教育統制と知識伝達」天童睦子編『知識伝達の構造—教育社会学の展開—』世界思想社．
社会保障・人口問題研究所編，2004，『平成14年わが国夫婦の結婚過程と出生力—第12回出生動向基本調査—』厚生統計協会．
高橋均，2004，「育児言説の歴史的変容」天童睦子編『育児戦略の社会学』世界思想社．
天童睦子編，2004，『育児戦略の社会学—育児雑誌の変容と再生産—』世界思想社．
天童睦子編，2007，『ジェンダー視点を基盤とする人間学と共生型コミュニティの構築』（平成18年度私立大学等学術研究高度化推進経費・共同研究経費・報告書）．
天童睦子，2007，「家族格差と子育て支援—育児戦略とジェンダーの視点から—」『教育社会学研究』第80集．
バーンスティン，B．，1985，『教育伝達の社会学』（萩原元昭編訳）明治図書（原著，1977）．
ブラウン，P．，2004，「文化資本と社会的排除」A.H.ハルゼーほか編『教育社会学—第三のソリューション—』（住田正樹・秋永雄一・吉本圭一編訳）九州大学出版会（原著，1997　論文初出は1995）．
ボードリヤール，J．，1995，『消費社会の神話と構造』（今村仁司・塚原史訳）紀伊國屋書店（原著，1970）．
村松泰子，2000，「子育て情報と母親」目黒依子・矢澤澄子編『少子化時代のジェンダーと母親意識』新曜社．
矢澤澄子・国広陽子・天童睦子，2003，『都市環境と子育て—少子化・ジェンダー・シティズンシップ—』勁草書房．
矢澤澄子・天童睦子，2004，「子どもの社会化と親子関係—子どもの価値とケアラーとしての父親—」東京女子大学女性学研究所・有賀美和子・篠目清美編『親子関係のゆくえ』勁草書房．
早稲田大学教育社会学研究会編（研究代表　柴野昌山），1999，『教育期待と育児戦略に関する調査研究』早稲田大学教育社会学研究会．

第10章 職業としての幼稚園教員

永井 聖二

　教育が問われるとき，議論の焦点は常にそれを担う教師の質の問題にかかわる。では，教育が転換期を迎えているといわれる今日，求められる教師の資質・力量とは何なのか。今日幼稚園の教員として求められる資質，力量とは何なのか。この問題を考えるために，この章ではわが国における教員の歴史を素描し，ついで戦後の教職論の最大公約数的な理論となっている教職＝専門職論について検討したい。そして，それをもとに幼稚園教員の現状とこれからの幼児教育の担い手のあり方について考えてみたい。

1　教育制度の発展と幼稚園教員

(1) 学校制度の成立と教員

　教師という用語は，広義には教育者と同じ意味で用いられる。これに対して教員とは，制度化された教育機関に勤務し，指導，教育にあたる者をさす，より限定された用語として用いられる。このような意味での教員は，近代社会の所産である。近代以前にも学校がなかったわけではないし，当然ながらそこには教師がいた。たとえばプラトンによって「知識の商人」とよばれた「ソフィスト」（sophist）たちは，この意味での職業的教師であったといえよう。しかしながら学校の成立は，そのまま教員の組織的養成や専業の教員の登場をもたらすものではなかった。初期の欧米の学校では，教員の仕事は農業のかたわら行われたり，下級の聖職者，鐘つき，あるいは墓堀り人夫らの副業として担われていたといわれている。

しかし近代以降になると，多くの国で教員の組織的養成がめざされるようになり，教員養成制度の根幹が定められるようになった。当初，多くの国では初等教育教員養成を師範学校が，中等教員養成を大学または大学に相当する高等師範学校などが担うという複線型の教員養成体系が定められたが，やがて今世紀になって初等教育教員の養成をも大学で行う傾向が強まっていく。

わが国で文部省（現：文部科学省）が創設されたのは1871（明治4）年のことであったが，従来の寺子屋による庶民教育機関をあらためて，制度化された教育を進めることが意図されたとき，まず必要とされたのは多数の訓練された教員の養成であった。はじめて師範学校が設立されたのは，「学制」公布の年の1872（明治5）年であり，大阪，宮城に官立師範学校が設けられた。東京女子師範学校（現在のお茶の水女子大学の前身）に附属幼稚園が開設されたのも1876（明治9）年のことであった。

「学制」は近代的で単線型の学校体系を構想したが，教員についても「小学教員ハ男女ヲ論セス年齢二十歳以上ニシテ師範学校卒業免状或ハ中学免状ヲ得シモノニ非サレハ其ノ任ニ当ルコトヲ許サス」と，今日でも通用する立派な規定を設けている。しかし，もともと学制発布そのものが経費の裏付けのない机上のプランであったうえに，師範学校も設置直後で現実には免許状をもった教員の手当ができるはずもなかった。結局1874（明治7）年になると，文部省は「大学区本部官立師範学校ニ於テ学業試験ノ上小学校訓導タルヘキ証書ヲ賦与」する途を定めて現実的な対応を整えた。

ついで1879（明治12）年の教育令の規程では年齢制限が18歳以上に改められ，翌年の改正教育令では師範学校卒業者，師範学校に入学しないが師範学校の試験に合格して卒業証書を授与された者，さらに師範学校の卒業証書をもたないが府知事県令より教員免許状を得た者をもって教員にあてることが定められた。しかしながら，こうした規程の効力もじつは十分なものではなく，無資格教員を多くかかえた戦前の教員社会内部のヒエラルキーは厳然としたものがあった。

(2) **女性教員の増加**

つまり，この時代には教職制度が名目上整備されたとはいえ，正規のルート

を経た教員は教員社会の一部を構成するにすぎず，師範学校は，むしろ地方における普通教育機関として機能した傾向もみられたと指摘される。士族の出身者が多かったこの時代の教員の社会的地位は比較的高かったが，1880（明治13）年には「集会条令」によって教員の政治活動がきびしく制限され，翌年には「小学校教員心得」「学校教員品行検定規制」によって国家権力に忠実な下級官史として教員を形成しようとする動きが続く。こうした動きが集約的に示されたのは，1886（明治19）年，文部大臣森有礼によって行われた師範教育の改革であり，「師範学校令」の公布であった。1904（明治37）年からの全国一斉の国定教科書の採用も，教育内容面からの教員の規制として忘れられてはならない重要なできごとである。

　明治初期の教育制度の揺籃期から明治中葉にいたる時期の教職制度は，努力目標としての色彩が濃いものであったが，その背景としては，学制が整えられたといっても，実際の就学者はすぐには多くはならなかったという事情がある。深谷昌志の研究によると，1891（明治24）年においても小学校への「男児の就学率が67％であるのに対し，女児は32％，男女平均で50％である。しかし，これは名目就学率であるから，これに日々の出席率74％—男女の統計はないが—をかけ合わせると，男児の実質就学率は50％，女児は24％となる。すなわち，小学校ができて20年たっても，男児の就学率は2人に1人，女児は4人に1人の計算になる」（深谷，1971）という。

　明治30年代に入ると就学率はようやく上昇し，とくに女児の就学率が急激に高くなる。それに対応して教員社会にも新しい傾向として女性教員の増加がめだつようになり，その是非が活発に議論されるようになってくる。今日でもその影響がみられるが，歴史的にというと，女性の教員はまず初等教育の低学年向きとして位置づけられる。就学率が徐々に上昇し，とくに女児の就学率がある程度高まったこの時期に，女性の教員が初めて注目をあびたのも，当然のことといえるのである。

　もっとも，こうした事情を反映して明治30（1897）年ごろから続々と設置（ないしは男子師範から独立）された各県の女子師範での教員養成も「従来の師範タイプに，従順な伝統的な女性に対する役割期待が相乗された形」のものであ

り（深谷，1971），明治24年第一議会での「男教員と女教員の給料は大変に違ひます。それ故経費の上に於いても女子の教員を盛んにすることは国家経済の上に取て甚だ必要なこと丶思います」という発言に示されるような，つまり，安い給料の女性を登用したほうが人件費を節減できるというような位置づけがなされていたことは否定できない。当時の女性教員は一般に早婚の傾向があるなかで比較的晩婚であり，配偶者は今日と同じように同業の教員が多かったとされるが，保育所や産休が考えられてもいなかったこの時期のパイオニアたちの道は，平坦なものではなかったのである。

(3) 戦後の幼稚園教員

　大正期に入ると，おりからの大正デモクラシーの風潮のもとで1919（大正8）年「日本教育組合啓明会」の結成，大正八大教育主張とよばれる自由主義的な教育の実践など，注目すべき動きがみられるようになる。1926（大正15/昭和元）年には幼稚園令（勅令）が公布されて，当時「保姆（母）」とよばれていた幼稚園教員におおむね尋常小学校正教員と同等という一定の専門性を求める規定が設けられた（幼稚園令については第2章参照）。しかし，やがて昭和初期の軍国主義的な風潮のなかでこうした動きも霧散してしまう。

　1943（昭和18）年の「師範教育令」（1897（明治30）年「師範学校令」に代わり公布されたもの）の改正は，軍国主義的な国民の「錬成」をめざす教育政策の具現化であった。ただし，この改正された「師範教育令」において，師範学校が旧制専門学校に昇格し，それまで中等教育レベルに位置づけられていた師範学校（本科）が，戦後の学制改革で一挙に大学にまで格上げされる基盤となったことは注目されてよい。

　第二次世界大戦の敗戦を経て，戦前の師範学校における教員養成とその所産としての戦前の学校教育に対する反省から，戦後の教員育成制度は出発した。戦後の教員育成制度の根幹としては，第一に教員養成はすべて大学において行うという原則があり，第二に教員養成のための特別の大学，学部にかぎらず，すべての大学の卒業生に教員免許状を取得する途を開く（いわゆる「開放制」）という原則の2点がある。教育刷新委員会の審議を受けて1949（昭和24）年に

表10-1 幼稚園教員の勤続年数割合（2007年度）

区分	計(%)	5年未満(%)	5年以上10年未満(%)	10年以上15年未満(%)	15年以上20年未満(%)	20年以上25年未満(%)	25年以上30年未満(%)	30年以上35年未満(%)	35年以上40年未満(%)	40年以上(%)	平均勤務年数(年)
計	100.0	46.9	19.1	8.8	5.9	4.1	4.7	6.0	2.9	1.7	10.5
うち公立 男	100.0	55.3	9.2	2.8	2.8	7.6	5.3	10.7	4.5	1.8	11.6
女	100.0	22.4	13.4	10.3	9.3	6.8	12.3	17.9	7.4	0.2	17.9
うち私立 男	100.0	24.9	13.6	8.7	6.4	7.9	8.6	11.0	7.0	11.9	19.7
女	100.0	54.9	21.1	8.4	4.9	3.0	2.4	2.5	1.4	1.4	7.9

資料）文部科学省，学校教員統計調査

公布された国立学校設置法，教育職員免許法には，こうした原則に沿った教員養成が示されている。幼稚園が学校として位置づけられ，幼稚園教員も小中高校の教員と同じ「教諭」として位置づけられるようになり，原則としては大学卒業と所定の科目の履修を求められるようになったのも，この時からである。

戦後の教育改革のなかで，教員の養成が大学において行われることが原則とされたこと，幼稚園の教員が高校から小学校までの教員と同じ位置づけを得たことは，制度的には大きな前進であった。それによって公立幼稚園の教員は教育公務員特例法の適用を受けるようになったし，給与などの待遇面でも小中高校の教員に近い処遇を受けることになったからである。

もっとも，よく知られているように，幼稚園教員の養成については，その現状は必ずしも養成の理念に追いついているわけではない。幼稚園教員の場合，現在でもその大部分は短期大学卒業生や専門学校の修了者で占められている。高学歴の教員がよい幼稚園教員だと短絡的に結びつけることはできないとしても，必要とされる専門的教育期間が短くても差し支えない職業と考えられていることは問題である。

また，給与などの待遇面でも，私立幼稚園勤務の教員の勤務年数の平均は10年に満たず，平均給与額は教員全体のそれを大幅に下回る現状がある（表10-1）。今年見学しても，5年後に見学しても，10年後に見学しても，いつも新卒の若い教員が多い幼稚園があるのが実態だが，それは早期退職者が多いこ

とを示すものであり，そうした職場環境のもとでは専門性の向上の余地は必然的に限られる。この問題については，この章の最後でもう一度検討したい。

2 教師＝専門職論と幼稚園教員

(1) 専門職論

ところで，こうして戦後の教員養成が，大学での養成を原則としたのに対し，その背景としての戦後の教職論は，戦前の聖職論にかわって専門職論を前提として展開された。もともとヨーロッパにおいて医者・法律家などを専門職とよぶようになったのは中世後期のことだといわれるが，こうした従来からの専門職に教員をなぞられて教職の専門職性ということがしばしば議論されるようになったのは，ILOとユネスコの共同勧告「教員の地位に関する勧告」(1966)を契機とする。

では，専門職（profession）とはいったいどんな職業をいうのか。教職の専門職性について綿密な考証を加えたリーバーマン（Lieberman, M.）によれば，専門職とは次のような定義を満たす職業であるとされる（Lieberman, 1956）。

1　範囲が明確で，社会的に不可欠な仕事に独占的に従事する。
2　高度な知的技術を用いる。
3　長期の専門的教育を必要とする。
4　従事者は個人としても集団としても広範な自律性（autonomy）を与えられる。
5　専門職的自立性の範囲内で行った判断や行為については直接に責任を負う。
6　営利的でなくサービスを動機とする。
7　包括的な自治組織を形成している。
8　適用のしかたが具体化されている倫理綱領（code of ethics）をもっている。

教職をこのような意味での専門職としてとらえ，その実現へ向けて努力しようとすることは，戦後の教職論の最大の特徴であった。もっとも，教職＝専門職論は，教職が実態として専門職であるというよりは，教職が専門職としての

可能性をもちつつも，現実には準専門職（semi-profession）的な状況にあるというかたちで展開されてきたのが一般的であって，教職＝専門職論は達成された事実の表現というよりは，到達目標と考えられてきたのである。そもそも，ILOとユネスコの「教員の地位に関する勧告」そのものが，「教育の仕事は専門職としてみなされるべきである」と述べて，あるべき姿としての専門職論を展開しているにすぎないことは注目されてよい。

　実際，リーバーマンの定義に照らしても，初等・中等の教員について考えてみても，専門職の特徴とされる点の多くが不十分であることは明らかである。そして，そうであるからこそ，理念型としての専門職を努力目標とし，医者や弁護士などの既成専門職を具体的なモデルとして，教職の専門職化を志向してきたのが，戦後の教職論の最大公約数的な理解であったといえるだろう。

(2) 専門職化への疑問

　ところが近年では，社会一般で専門職そのものへの疑問が提示されるようになってきたうえに，学校教育の危機，荒廃が叫ばれるようになって，教職の専門職性を高めようとする考え方にも疑問符が付されるようになってきた。教員の役割が社会に対するものではなく，個々のクライアント（生徒，児童，園児）に対するものとしてとらえられるようになってきたという背景も見落とすことができない。

　ここで注意してもらいたいのは，専門職すなわちprofessionとは，たんなる専門家（expertないしspecialist）と同じではなく，「個人としても，集団としても広範囲に自律し」「包括的な自治団体を結成して」「自律の範囲内で行った判断や行為については直接に責任を負う」一群の職業をさす概念だということである。したがって，教職の専門職化とは，個々の教師が今後いっそう専門的力量を高めるということと同じではなく，その専門職的自律性や専門職的職業文化の内容とのかかわりから是非を論じられなければならない面がある。

　専門職者が自律と独占を許容されるのは，それに見合う公共的利益をもたらすことを前提としているからであるが，今日ではむしろ教師たちの専門職志向に内在するエリート主義や，顧客の利益ではなく自分たちの利益を守ろうとす

る利己主義が疑いの眼をもって見られるようになってきた。教職の専門職化をめざす動きが，なお不十分といえるにしても一定の成果をあげた一方で，学校教育の機能障害が顕在化する状況のもとでは，さらに専門職化が目標とされるべきかどうかについては，疑問が残るのもたしかである。

　もともと専門職は中世のギルドの流れをくむとされ，それゆえに組織の歯車となることの少ないそのライフ・スタイルは今日でも人気があるのだが，現代の社会変動を前にしてのきなみ機能障害をもたらしている。専門職の典型とされる医者の場合にも，十分な説明とそれにもとづく患者の同意を重視するインフォームド・コンセントの必要性が主張されるようになっているが，これは伝統的な専門職者と素人の顧客との関係を再検討するものにほかならない。司法の分野での裁判員制度の導入は，記憶に新しい。

　医者・弁護士に代表される既成の専門職が組織のなかで働く被雇用専門職（employed profession）化しつつある今日，専門職の概念そのもの再検討されねばならないが，専門職化を理想的に語れば事たりるという時期は過ぎて，教員の行動特性（教員文化）の現状をふまえる一方で，今後の学校教育のあり方を模索しつつ新しい教師論を構築しなければならないのが今日の課題といえるのである。

　結局，戦後の教師＝専門職論は，当初は戦前の聖職論と労働者論の対立を止揚するものとして歓迎され，多分に同床異夢というべき状況ではあったが，少なくとも表面的には文部省も日教組もこれを支持して，教員の専門職性の外形基準をみたそうとする努力が続けられた。より長い修学年限，資格の厳密化を求める改革が進められたのである。そこではクライエントの利益は当然それに付随するものと考えられてきた。ところが，実際には学校教育の問題状況は教職の専門職化の進展とはうらはらにむしろ深刻化して，いじめや不登校といった問題も少なくなるという状況にはないとされる。そこで今日，教師の専門的力量とは何かが，あらためて問われている。

(3) 幼児教育を担う教員の専門性

　では，こうした教員の専門職化の動向をふまえて，幼児教育担当者の問題を

考えると、どうなるのだろうか。2002（平成14）年6月に発表された文部科学省の「幼稚園教員の資質向上について」と題とする調査研究協力者会議報告書は、「専門性の向上」をめざして上級免許状取得の促進をあげ、次のように述べている。

　幼稚園教員に求められるニーズが高度化多様化しており、これらのニーズに見合った専門性を養成段階の修了時において確保するためには、質量とも充実した履修内容に見合った養成期間の確保が求められてきている。短期大学から大学への課程変更や、短期大学から大学への編入学・社会人入学など、様々な制度を活用することが望ましい。また、二種免許状を有する現職教員が一種免許状を取得するなど上級免許状の取得や、小学校教員免許状の併用のため、地方公共団体や養成機関が提供する機会を充実させることが重要である。（文部科学省，2002）

　また、専門性の内容としては次のように、幼児理解・総合的に指導する力、具体的に保育を構想する力、実践力、得意分野の育成、教員集団としての協動性が求められると指摘する。

　幼稚園教員は、幼児一人一人の内面を理解し、信頼関係を築きつつ、集団生活の中で発達に必要な経験を幼児自ら獲得していくことができるように環境を構成し、活動の場面に応じた適切な指導を行う力をもつことが重要である。また、家庭との連携を十分に図り、家庭と地域社会との連続性を保ちつつ教育を展開する力なども求められている。その際、幼稚園教育が、小学校以降の生活や学習の基盤の育成につながることに配慮し幼児期にふさわしい生活を通して、創造的な思考や主体的な生活態度などの基盤を培うことに留意する必要がある。いうまでもなく、これからの教育活動に携わるにあたっては、豊かな人間性を基盤に、使命感や情熱が求められる。（文部科学省，2002）

　たしかに、近年のデータで幼稚園教員の免許の取得状況をみると、幼稚園教員免許状取得者のうち短大卒業者が全体の7割以上を占め、これに指定養成機関での免許取得者を加えると、二種免許取得者の割合は8割を超えている。これに対して、大学卒業者の一種免許取得者や大学院卒業の専修免許取得者はまだきわめて少ない（表10-2）。こうした傾向は、他の学校段階の教員とは大きく異なっているから、その点からすると、この答申が就学年限の延長を主張することも無理からぬ一面がある。

表10-2 幼稚園教員の学歴構成（公私立，年齢別）（2007年度）　　　(%)

区分	計	教員養成系				一般系					その他
		小計	大学院	大学	短期大学	小計	大学院	大学	短期大学	高等学校	
計	100.0	7.3	0.3	6.7	0.3	92.7	0.6	12.2	77.2	0.5	2.1
男	100.0	21.3	1.6	19.5	0.2	78.7	6.2	43.5	19.6	3.4	6.1
女	100.0	6.4	0.2	5.9	0.3	93.6	0.2	10.2	81.0	0.3	1.9
25歳未満	100.0	4.3	0.0	4.2	0.1	95.7	0.0	8.7	85.4	0.0	1.6
25歳以上30歳未満	100.0	8.3	0.2	8.0	0.1	91.7	0.1	15.1	74.4	0.0	2.1
30 〃 35 〃	100.0	9.5	0.5	8.8	0.2	90.5	0.4	12.3	76.1	0.2	1.5
35 〃 40 〃	100.0	7.1	0.3	6.6	0.3	92.9	0.4	10.5	80.5	0.1	1.4
40 〃 45 〃	100.0	7.0	0.8	6.1	0.2	93.0	0.6	9.7	79.1	0.5	3.2
45 〃 50 〃	100.0	5.1	0.4	4.4	0.4	94.9	0.5	10.5	81.8	0.2	1.8
50 〃 55 〃	100.0	7.7	0.5	5.8	1.4	92.3	0.7	11.6	77.6	0.7	1.8
55 〃 60 〃	100.0	7.5	0.3	6.2	1.0	92.5	1.4	15.0	71.1	2.2	2.9
60歳以上	100.0	20.7	0.7	19.4	0.5	79.3	5.4	27.7	34.0	5.1	7.0
うち私立											
男	100.0	18.1	1.4	16.5	0.2	81.9	7.0	46.2	20.0	3.4	5.2
女	100.0	4.9	0.1	4.5	0.3	95.1	0.2	10.2	82.3	0.3	2.1
25歳未満	100.0	3.7	0.0	3.6	0.1	96.3	0.0	8.2	86.5	0.0	1.6
25歳以上30歳未満	100.0	6.2	0.1	6.0	0.1	93.8	0.1	13.9	77.5	0.0	2.3
30 〃 35 〃	100.0	5.9	0.4	5.2	0.2	94.1	0.4	11.3	80.4	0.2	1.8
35 〃 40 〃	100.0	4.4	0.1	4.1	0.2	95.6	0.6	10.6	82.8	0.1	1.5
40 〃 45 〃	100.0	3.6	0.5	3.0	0.2	96.4	0.7	9.5	83.6	0.7	1.9
45 〃 50 〃	100.0	4.0	0.4	3.4	0.2	96.0	0.9	13.3	79.5	0.3	2.0
50 〃 55 〃	100.0	7.6	0.6	5.4	1.7	92.4	1.4	20.2	67.4	0.9	2.6
55 〃 60 〃	100.0	8.1	0.4	6.8	1.0	91.9	2.7	25.2	57.1	3.1	3.8
60歳以上	100.0	19.3	0.8	17.9	0.6	80.7	5.9	28.9	33.0	5.3	7.6

資料）文部科学省，学校教員統計調査

　しかし，専門職論の検討でみたように，今日，専門職論は専門職者がクライエントに何ができるかがきびしく問われる段階にいたっている。教育機関の延長や学歴のシフトだけで，専門職性の向上が進むわけではない。専門性の内容について，前述の答申は幼児理解，指導力，協動性，保護者との関係などの重要性を指摘しているわけだが，そのどれをとっても具体的な内容を明らかにすることは容易ではない。

３ 「子ども好き」を超えた専門性

　子ども理解が重要だということはだれも異論はないが，子どもをよく理解し適切に導くということは，なかなかに困難なことである。世界各国の育児書を比較すれば，近年では差が少なくなったといわれるが，それでも望ましいとされる子育ての様式にはかなりの差がみられる。時代によっても，文化によっても，適切とされる子育ては同じではないし，大人が子どもをみるまなざしそのものも異なる。これからの社会の急激な変動のなかで，多様性を許容しつつ子育ての指針を示すことも困難な課題である。そもそも教職の専門性の支えとなるべき人間科学そのものが，実験的な方法に制約が多いこと，「予言の自己成就」の問題などもあって，子育ての具体的な指針を示すには不十分な現状にある。上級免許状への移行や就学年限の延長といった専門職化の外形的条件と，新しい教職モデルにもとづいた幼児教育担当者の専門性の向上が相乗的に進展するためには，大学など養成機関の側にも，採用段階，就職後の研修にも，多くの乗り越えるべき課題があるといえよう。

　そして，あとひとつ，ここでは幼稚園教員の女性率の高さにふれておきたい。幼稚園の教員のほとんどが女性なのは，私立幼稚園の経営主体が零細であることが多く，「寿退職」によって恒常的に労働コストの軽減を図らざるをえないという事情があり，それが短大卒の労働市場として根づいてきたという経緯もある。しかし，より本質的には，幼稚園教員に求められている資質や力量がまず「子どもへの愛情」や「やさしさ」といった情緒的な特性に偏って論じられていることにも原因があろう。

　「子どもが好きであること」や「やさしさ」が不要だというつもりはないが，伝統的に女性に多く帰属される特性を幼児教育の担い手の専門性として強調する限り，専門職性の構成要素として求められる秘儀性が保障されることはない。およそ人類の半数に特徴的だと信じられる特性が，専門職性の内容を構成しうることはありえない。「子どもへの愛情」という使命感を基盤としつつも，それと人間科学的な深い知見が結びついたときにはじめて，幼児教育担当者の専

門性が確立され,専門職化への可能性が開かれることを改めて強調したい。

考えてみよう

① 幼稚園教諭や保育士のほとんどが女性なのはなぜなのか。その理由と問題点について考えてみよう。

② 公立と私立で幼稚園教員の年齢構成はどうちがうか。その原因と問題点について考えよう。

【引用参考文献】

深谷昌志・深谷和子,1971,『女教師問題の研究』黎明書房.
文部科学省,2002,「幼稚園教員の資質向上について―自ら学ぶ幼稚園教員のために―」(幼稚園教員の資質向上に関する調査研究協力者会議報告書).
Lieberman, M., 1956, *Education as a Profession*, Prentice-Hall.

第11章 幼稚園教師の専門性とその成長

藤井 美保

1 低く評価される幼稚園教師の専門性

(1) 幼稚園教師は「子守り」なのか

　小学校に勤務するある男性教師が人事交流の一環として幼稚園に派遣された。彼が小学校の現場に戻ってきたとき，同僚教師たちから次のように揶揄されたという。「幼稚園で子守りをしていたのですか？」，「幼稚園では多少なりとも楽ができて，ちょうどよい骨休めになったでしょう」と。このエピソードから読み取れるのは，一般的に幼稚園教師の仕事は「子守り」に毛が生えた程度のものだととらえられており，その専門性はかなり低く見られているという現実である。
　しかし，言うまでもなく，幼児期は人間の発達にとって重要な時期であり，幼児教育に携わる幼稚園教師は単なる「子守り」ではない。しかも，現代の日本社会はそのあり方を大きく変化させてきており，それに伴って子どもの発達にさまざまな課題や問題が生じてきたと同時に，ともすれば軽視されがちであった幼児教育が生涯教育の出発点ないしはそれを支える土台として注目されるようになってきている。また，社会や家族の変化とともに幼児教育に対するニーズは複雑化・多様化しており，幼稚園教師に対してもさまざまな役割が期待されるとともに，より幅の広い，そしてより高い専門性が求められるようになってきた。
　とはいえ，幼稚園教師の仕事を単なる「子守り」程度と見なす傾向は，相変

わらず根強く残っている。なぜ，幼稚園教師の専門性はこのように低く見られがちなのであろうか。そもそも幼稚園教師に必要な専門性とはいったい何であろうか。幼稚園教師はその専門性をどのようにして高めていくことができるのだろうか。

(2) 専門性の低さはどこから生じてきたか

これまで幼稚園教師の専門性が低く評価されてきたのはなぜだろうか。ひとつには，職業としての幼児教育（幼稚園教師）の歴史にその要因を見出すことができる。具体的には，①保育における母性の強調，②唱歌・遊戯といった特定の保育技能の重視，③託児的・子守り的役割への幼児教育の矮小化などである（奥山・山名，2006）。

現代でもなお幼稚園教師の大半は女性であるという事実にも表れているのだが，幼児教育は長年にわたり女性の仕事として位置づけられ，保育所と同様に幼稚園での保育においても母性が強調されてきた。特定の専門的知識や技能を必要とするというよりも，幼稚園教師にとっては母性的であるということが必要であり，かつ十分であると考えられてきたのである。こうした母性の強調は，幼稚園教師の仕事は女性であれば誰でもできるという社会通念にもつながり，その専門性を低いレベルに留めてきた。

また，幼稚園教師にとって必要な専門的知識・技能については，唱歌や遊戯などの特定の実技中心という傾向が見られる。特に唱歌・遊戯は欧米からの移入による内容が多かったこともあり，大正期に文部省によって開催された保育研修会においても，唱歌と遊戯の実技講習が日程の大部分を占めていたという（奥山・山名，2006，p.120）。このような実技・技能は幼稚園教師にとって当然必要なものではあるが，これらの実技や技能ばかりが相変わらず重視されるならば，幼児教育の専門性はそれほど高いものとは見なされないであろう。

そして，日本の幼児教育はその目的や制度がはじめから確立されていたわけではなく，実際の保育ニーズに合わせた多様な目的・内容を伴って展開されてきた。それぞれの地域のニーズに応じた多様な保育施設や教育施設を同一地域内に設置することが困難な状況にあっては，幼稚園に対して養護的あるいは託

児的機能が期待され，保育所や託児施設に対して教育的機能が期待されるといったことがあり，そうした実際のニーズにしたがって幼児教育や保育の目的・内容が具体的に理解されてきた部分がある。こうして，幼稚園教育に養護という重要な要素がもたらされたのであるが，それは同時に幼児教育を託児的・子守り的役割へと矮小化することとなり，幼稚園教師の専門性が低く見られる要因ともなった。

　幼稚園教師の専門性に対する評価の低さは，以上のような歴史的要因と深く関わっており，今日にいたるまでこうした傾向が続いている。それは，今なお幼稚園教師の大半が短期大学等で養成されていることを見ても明らかで，幼稚園教師にはそれほど高い専門性は必要ではなく，その養成には2年程度の短期間の教育で十分であると考えられているのである。

② 社会や家族の変化と幼児教育・幼稚園教師

　今日，社会や家族の変化に伴って，幼児教育や幼稚園教師に対して従来とは異なる期待が寄せられるとともに，ニーズの多様化が進んでいる。もはや幼稚園教師は女性であればだれでもできる仕事でもなければ，折り紙や手遊びといった保育技能を身につけていれば務まるという仕事でもない。これからの幼稚園と幼稚園教師は，保護者や地域社会の期待やニーズをどのように受け止め，自らの役割をどのように果たしていくべきであろうか。ここでは，幼稚園に対して従来とは異なる期待やニーズを生じさせている社会の変化，家族の変化の側面から考えてみることにしよう。

(1) 少子化

　幼児教育・幼稚園を取り巻く環境の変化として，第一に少子化があげられる。一人の女性が一生の間に生む子ども数に相当する合計特殊出生率は1950年には4.3であったが，それ以降急速に低下し，2005年には過去最低の1.26を記録した。その後は若干回復したものの2009年の時点では1.37に留まっており，少子化傾向には歯止めがかかっていない。

少子化ということは一般的に兄弟姉妹が少ないということであり，一人っ子も多いということである。こうした子どもたちにとって，同世代の子ども集団のなかで他者と主体的に関わる場として幼稚園（あるいは保育所等）が重要な意味をもつようになってきた。もちろん子どもの数が多かった時代にも幼稚園は本格的な集団生活を経験する場としての役割を果たしていたのだが，今日のような少子化状況のもとでは，親と離れたところで同世代の他者と関わるといった経験をする場は少なく，人間関係を学び社会性を育む場としての幼稚園（あるいは保育所等）の重要性がますます増大しているのである。

　首都圏の乳幼児をもつ保護者を対象とした調査（ベネッセ次世代育成研究所, 2010）によれば，幼稚園への要望として保護者の8割が「集団生活のルールを教えてほしい」と回答しており，「子どもに友だち付き合いが上手になるような働きかけをしてほしい」という回答も8割弱にのぼる。実際に多くの保護者が社会性の育成を幼稚園に期待している。しかしその一方で，早期教育・知的教育を幼稚園に期待する保護者も多い。保護者の幼稚園教育に対するニーズは一様ではなく，複雑で多様である。

　また，少子化傾向は子どもの保護者の意識や行動にもさまざまに影響を与える。たとえば，少ない子どもを"よりよく"育てたいと考え，"よりよい"教育を受けさせようと必死になる保護者などがそのよい例である。ある母親は一人娘を通わせる幼稚園を選ぶ際に，パンフレット等の資料やウェブサイトの情報などを比較するのはもちろん，それだけでは実際のことがわからないからと市内のすべての幼稚園（約20ヵ所）を見学して回り，それによって疲労困憊してしまい，その後しばらくは気力も失われたような状態だったという。わが子を思う親心は理解できるが，それにしても少しやりすぎの感がある。こうした保護者は子どもに対して過大な期待を抱き，わが子かわいさのあまり過保護になって，少しのことにも過敏ともいえる反応を示すのかもしれない。すべての保護者がこの母親と同じような人たちばかりではないが，少子化時代の幼稚園教師は，従来は出会わなかったような保護者と向き合い，保護者のさまざまな思いと期待を受け止め，彼らとの関係を築いていかなければならない。

(2) 核家族化の進行と近隣関係の希薄化

　現代の子育てを支える子育て基盤は，①就労と経済基盤，②地域社会（社会関係資本）[*1]，③子育て支援の3つから成り立っている（松田ほか，2010）と考えられるが，核家族化の進行と近隣関係の希薄化によって，子育て基盤としての地域社会が脆弱化し，大きく揺らいでいる。

　かつては，子育てに関する実際的な知識や技術は，地域社会のなかで子どもの祖父母や近隣の人々から世代を超えて伝達され，継承されていた。また，子育ては必ずしも子どもの親のみに任せられていたわけではなく，祖父母や近隣住民などから直接的にも間接的にもさまざまな援助を受けながら親は子どもを育てていた。しかし，核家族化の進行と近隣関係の希薄化は，子育てを子どもの親にのみ担わせる状況を生み出し，特に専業主婦家庭においては子育ての責任を母親に集中させることになった。

　ちなみに，65歳以上の親と既婚の子どもが同居している比率を見ると，長年にわたって同居率は低下しつづけ，1980年には52.5％であったものが2005年には23.3％にまで減少している（内閣府，2007，p.30）。子育て中の夫婦がその親と同居していれば，子育てに対して親（子どもの祖父母）から直接的な支援や手助けを日常的に受けることができるだろう。同居していないからといって支援が得られないとは限らないが，やはり同居しているほうが必要なときにすぐに支援が受けられ，手助けしてもらいやすいはずである。同居率がこれだけ低下してきているということは，子どもの祖父母から子育てに対する支援や手助けを得ることのできない家族が増えていると考えられる。

　また，近隣関係も希薄化の一途をたどっている。内閣府による調査[*2]では，隣近所の人と「よく行き来している」あるいは「ある程度行き来している」と回答した者の割合は2000年の54.6％から2007年の41.6％へと大幅に減少しており，また「生活面で協力し合う人」が近隣にどれくらいいるかを尋ねたところ，そのような相手が一人もいないという回答が65.7％にも達している（内閣府，2007，p.78，64）。このように近隣関係が希薄化していくなかで子育てについての援助を受けられずに，孤立した状態で子育てを一手に引き受けなければならなくなった母親が，子育てを負担に感じたり，子育て不安を抱えたりするよう

になるのは当然のことである。

　以上のような子育て基盤の揺らぎは，幼稚園による家族支援・親支援への期待とニーズを生み出した。乳幼児をもつ母親を対象とした前出の調査（ベネッセ次世代育成研究所，2010）によると，約6割の母親が幼稚園に対して「子育て相談ができる場所になってほしい」という要望をもっているし，「保護者同士が交流できるような支援をしてほしい」と望む母親も5割近く存在する。幼稚園教師は，「幼児の発達を支援する職業」から「幼児の発達と親としての保護者の発達の両方を支援する職業」へと転換しつつある。

　さらに，親族や近隣の人々から子育てについての直接的な手助けを得にくくなったことから，幼稚園における「預かり保育」に対する要望も少なくない。「預かり保育」は，幼稚園の通常の保育時間の前後や長期休業期間中などに，希望者に対して行われるが，家事の都合や地域活動のため，あるいは子育てから一時的に離脱してリフレッシュするためなど，その利用目的はさまざまなものが考えられる。地域社会において孤立した状態で子育てを一手に担わされている現代の保護者にとっては，「預かり保育」への要望は切実な要望であるともいえよう。こうした状況のもと，全国の幼稚園の約73％が「預かり保育」を実施している（内閣府，2010，p.118）。しかしながら，幼児教育に対する過去の託児的イメージが幼稚園教師を「子守り」的位置づけにとどめ，専門性の低さの一因となったことはすでに述べたとおりである。

(3) 女性の社会進出の拡大

　幼稚園を取り巻く環境の変化のもうひとつは，女性の社会進出の拡大である。女性の就業の増加により共働き世帯が増加し，1990年代半ばには共働き世帯が専業主婦世帯を上回った。その後も専業主婦世帯はさらに減少する傾向にあるが，共働き世帯は増加傾向を示しており，2008年には専業主婦世帯が825万世帯であったのに対して，共働き世帯は1,011万世帯であった（内閣府，2010，p.16）。女性の就業は確実に増加し，社会進出が進んでいる。

　この間の女性の社会進出の拡大は，幼児教育・保育に対するニーズを大きく変化させた。すでに述べた「預かり保育」へのニーズも，その変化のひとつと

いえる。しかし，共働き世帯の増加は，幼稚園にとってより重大な変化をもたらしている。それは保育所等による保育支援ニーズの拡大と幼稚園に対するニーズの減少であり，少子化ともあいまって幼稚園の定員充足率は低下している。

現在の幼稚園の多くは私立であり，幼稚園に対するニーズの減少は私立の園経営にとって大きなダメージである。それは公立幼稚園にとっても大きな問題ではあるが，私立幼稚園の場合はなおさらである。厳しい状況のなかで生き残っていくためには，子どもの発達にとって必要な保育内容や方法よりも保護者のニーズを優先させざるをえないといった状況に陥る可能性もある。

これはある私立幼稚園の園長から聞いた話であるが，幼稚園入園前の子どもをもつ保護者から「保育時間終了後に，園内で英語教室などを開いていますか？」といった問い合わせを受けることが多くなってきているという。正規の保育終了後にオプションとして園内で英語教育などを受けさせることができるかどうかが，最近の保護者にとっての幼稚園選びの基準のひとつになっているらしい。この園長自身は幼児期における英語教育に対して積極的な考えをもっているわけではなく，むしろ疑念を感じてさえいるのだが，少子化時代に私立幼稚園を経営する立場からすると園児獲得のためには英語教室を開かざるをえないのかとジレンマに陥っている。

社会の変化に伴って幼児教育に対するニーズが変化し，それとともに幼稚園の役割も変化していくのが当然ではあるが，それはあくまでも子どもの発達を支える保育を展開するという観点からでなければならない。保護者ニーズに盲目的に従属するのではなく，子どもと保護者のおかれている社会状況を的確にとらえ，子どもの発達を中心にすえながら同時に保護者の支援を行っていくことが求められる。

③ 現代における幼稚園教師の専門性

ここまでみてきたように，社会や家族の変化とともに幼児教育と幼稚園に対するニーズは複雑化し多様化している。こうした状況のもとで幼稚園教師に求められる専門性とは，いったいどのようなものであろうか。

2002年に出された「幼稚園教員の資質向上について―自ら学ぶ幼稚園教員のために―」（幼稚園教員の資質向上に関する調査研究協力者会議報告書）は，幼稚園教師に求められる専門性として，以下の8項目をあげている（文部科学省,2002）。
① 幼児理解・総合的に指導する力
② 具体的に保育を構想する力，実践力
③ 得意分野の育成，教員集団の一員としての協働性
④ 特別な教育的配慮を要する幼児に対応する力
⑤ 小学校・保育所との連携を推進する力
⑥ 保護者及び地域社会との関係を構築する力
⑦ 園長など管理職が発揮するリーダーシップ
⑧ 人権に対する理解
　これを見ると，幼児理解といった幼児教育の基盤的専門性から，現代的課題に対応する専門性（障害児や外国籍の子どもなどといった特別な配慮を要する幼児への対応や他の機関との連携推進など）まで，幅広い専門性が求められていることがわかる。
　とはいえ，幼稚園教師の仕事は一人ひとりの子どもの発達を支え保障する保育を構築し，展開することであり，上記の8項目にわたる幅広い専門性も，幼児教育・保育の現代的課題に対応しながら豊かな保育活動を総合的に営むために必要な専門性にほかならない。幼稚園教師の専門性をよりわかりやすくとらえるために，ここでは以下の4つに整理しなおしてみる。すなわち，①幼児期の発達と保育についての理論的専門性，②主体的に保育を構築し展開する実践的専門性，③保護者や同僚，他機関などとの関係構築的専門性，④自己の実践を省察し，再構築する反省的専門性である。

(1) 幼児期の発達と保育についての理論的専門性
　まず，子どもの発達を保障する保育のために必要なのは，当然のことながら幼児期の子どもの発達や保育についてのしっかりとした理解であり，知識であり，理論である。北岡幸子は保育専門職の資質・専門性について論じるなかで，

保育は「最新の諸科学の研究によってもたらされた科学的根拠に基づく実践である」としたうえで，保育専門職の専門性は乳幼児理解であり，それは，①発達知（乳幼児の一般的な発達の過程に関する知識），②生活環境知（乳幼児の育つ家庭や地域の特徴に関する知識），③人間関係知（親子関係，きょうだい関係，友達関係に関する知識）から成るとしている（北岡, 2009, pp.80-81）。
　近年は，幼稚園教師に限らず，即戦力・実践力をもった人材の育成が課題とされる傾向にあるが，しかし確かな知識や理論の支えがなければ，それはただの付け焼刃でしかなく，応用もきかない。発達や保育に関する理論的専門性の裏づけがあってはじめて的確な保育実践を展開できるのである。
　こうした幼児の発達と保育についての理解は一般的なものであると同時に，個別的なものでなければならない。一人ひとりの子どもは（障害をもった子どもや外国籍の子どもなど，特別な配慮を必要とする子どもたちを含めて）それぞれに個性をもった存在であり，当然その発達の様相も異なる。一般的な理解や知識，理論をもっておくとともに，一人ひとりの子どもに即してその状況をとらえ，理解したうえで具体的な保育計画を作成し，実践していかなければならない。

(2) 主体的に保育を構築し展開する実践的専門性

　以上のようなしっかりとした理論的専門性にもとづいて，一人ひとりの子どもの発達につながる保育を主体的に構築し展開していく実践力も，現代の幼稚園教師に求められる専門性である。
　すでに述べたように，保育実践にかかわる幼稚園教師の知識・技能として，子どもが喜ぶ遊びを知っているとか，絵本を上手に読み聞かせるとか，そういった具体的な実技や技能が長年にわたって重視されてきた。確かにそうした実技・技能は幼稚園教師にとって必要であり，重要でもある。しかし，ここでいっている実践的専門性は，そのような実技・技能を含んではいるものの，子どもの発達につながるような保育計画の作成や保育環境の設定など，自らの保育実践を主体的・総合的にデザインし実践していく力である。
　また，それは幼児を取りまく状況を的確に評価し，判断し，主体的に実践を

組み立てる力でもある。たとえば，地域によってレベルの違いはあるものの全国的に都市化が進み，子どもたちの日常的な自然体験が大幅に減少している。また，核家族化，少子化，近隣関係の希薄化は，子どもたちが自分の家族以外の他者との関わりを経験しにくい状況を生み出している。こうしたなかで子どもの発達環境・保育環境をどのように構築するかを自ら判断し実践するという実践的専門性の発揮が期待される。

(3) 保護者や同僚などとの関係構築的専門性

　保育は直接的には子どもを対象とする営みなのだが，子どもの経験を拡大し発達を保障するような保育を行い，自分自身も幼稚園教師として成長していくためには，子ども以外の多様な人々との関係を構築する専門性が必要である。幼稚園教師の専門性のこうした側面を，仮に関係構築的専門性と呼ぶことにする。

　子どもの発達は総合的で包括的なものであり，幼稚園での保育だけで実現するものではない。したがって，子どもの主たる保育の場である家庭と連携しなければならないし，そのためには保護者との信頼関係をしっかりと構築しなければならない。場合によっては，幼稚園による家族支援・親支援も必要になってくる。

　また，現代社会は子どもの発達環境・保育環境としてはさまざまな問題を抱えており，子どもの発達を保障する保育を実現しようとすれば，子どもと保育者との関係のなかだけで保育を組み立てるのでは不十分である。これからの幼稚園教師には，保護者はもちろん，たとえば小学校や保育所，地域のさまざまな人材などと連携したり，協働したりしながら保育を構想し展開する力が求められる。

　そして，幼稚園教師が職場において日々の保育を実践するにあたっては，同僚教師たちと連携し協働しなければ，スムーズに保育活動を営むことはできない。実際，職場内の同僚との人間関係が幼稚園教師の保育実践に対して，プラス方向にもマイナス方向にも，大きな影響を与えることもわかっている（中山，2009）。また，後述するように，職場の同僚は幼稚園教師の専門性の向上とそ

の成長に対しても重要な役割を果たす。幼稚園教師が自らの主体的保育を実現するためには，同僚教師との関係構築力も必要な専門性の一部なのである。

(4) 自己の実践を省察し再構築する反省的専門性

子どもたちはそれぞれの個性をもっており，一人として同じ子どもはいない。しかも成長・発達がいちじるしい幼児期であるから，同一の子どもの場合であっても今日の状況と明日の状況とでは大きく異なっているかもしれない。したがって，すべての子どもに当てはまり，いつでも通用する「正解」の保育があるというわけではない。保育にマニュアルはないのである。幼稚園教師は，こうした曖昧で不確実な状況のなかで子どもと向き合い，上述したような専門性にもとづいて保育実践を行っている。それは，自らの理論的専門性によって子どもの状況を洞察的に理解し判断したうえで，必要に応じて関係構築的専門性を発揮しながら，実践的専門性によって保育を具体的に構想し実践するといった一連のプロセスである。

このプロセスのなかで，幼稚園教師に対してさらに求められる専門性がもうひとつある。それが反省的専門性であり，いわゆる「反省的実践家としての教師」（ショーン［Shön, D.A.］, 2001）に求められる専門性である。優れた幼稚園教師は保育活動を営むなかで自己の実践を省察することによって，たとえば「一人ひとりの子どもを適切に理解できていたか。不十分だったとすれば，それはなぜか。」といった分析を重ね，自己の保育を修正し，再構築していく。常に子どもと向き合い，自己の実践とその振り返りを積み重ねていくなかで，幼稚園教師としての専門性をさらに高めていくのである。

❹ 専門性の獲得・向上と幼稚園教師の成長

幼稚園教師はその専門性をどのようにして獲得し向上させていくのか，また一人前の幼稚園教師へと成長していくためにはどのようなことが必要だろうか。

まず，養成段階（学生段階）では，養成カリキュラムにもとづいた学びが行われる。現場での教育実習やさまざまな体験活動等によって実践的専門性や関

係構築的専門性，反省的専門性も少しずつ獲得していくものの，この段階ではやはり理論的専門性の獲得が中心となる。現場に出てからの保育実践を支える確かな知識・理論を身につける段階である。

養成段階でのこうした学びをふまえて，現場では保育を実践しながら，自己の実践にそくした学びが行われ，実践的専門性や反省的専門性を向上させていく。幼稚園内外で行われる研修に参加したり，保育を具体的に構築していくために自ら研究を重ねたりすることで専門性を深めていくが，反省的専門性を発揮することによって，日々の保育を通して子どもの理解や実践力をさらに高めていくことができる。このとき重要な役割を果たすのが同僚教師である（中山，2006；高木，2006）。保育者同士が共感的にかかわりあい，自分たちの言葉で語りあうことによって，互いの保育実践や課題を共有するとともに，同僚教師の目を通して自己の実践を振り返り，そこから保育者自身が新しい理論的専門性と実践的専門性を生み出していくことができるのである。

現場でのこうした学びには保育者の主体性が大きくかかわる。幼稚園教師としての専門性を高め，成長していくためには，自らが課題意識をもって保育実践を積み重ねるとともに，積極的に同僚教師と学びあう姿勢が望まれる。

その一方で，こうした現場での学びは職場によって大きく異なる。同僚との日々の学びあいが重要だとはいっても，小規模の職場（園）であれば学びあう仲間も限られてくるし，それぞれの職場の保育者同士の関係性によっても学びのあり方が左右される。また，熱心に園内研修を行う職場もあれば，研修がほとんど行われない職場もあるのが現実である。したがって，自分の職場内にのみ目を向けていたのでは，不十分なことも多い。より広い視野をもち，職場外で行われているさまざまな学びの機会をもとらえて，自己の専門性の向上を図っていくことが必要である。

それと同時に，どのような職場にあっても，一人ひとりの幼稚園教師がその専門性を向上させ，不断に成長していくことを可能にする全体的なシステムの整備・確立が大きな課題である。

考えてみよう

① 現代の幼稚園教師の社会的特性について考えてみよう。幼稚園教師の性別，年齢，賃金，その他，どのような特性があるだろうか。また，そうした特性と幼稚園教師の専門性との関係についても考えてみよう。

② あなたが幼稚園教師であると仮定して，自らの専門性を高め，幼稚園教師としての主体的成長を遂げていくには，どうすればよいだろうか。特に，日常の保育現場（職場）のなかでできること，あるいは心がけたいことなどを中心に考えてみよう。

【注】

1　社会関係資本とはソーシャル・キャピタル（social capital）の訳であり，社会学や政治学等で使用される概念である。人と人とのつながりや支え合いなどのことであり，こうしたつながりや支え合いをもっていることが一種の資本としての機能を果たす。詳しくは，野沢慎司編・監訳，2006，『リーディングス ネットワーク論─家族・コミュニティ・社会関係資本─』勁草書房に所収の以下の文献を参照されたい。コールマン，J.S.「人的資本における社会関係資本」（金光淳訳，原著，1988）；バート，R.S.「社会関係資本をもたらすのは構造的隙間かネットワーク閉鎖性か」（金光淳訳，原著，2001）。

2　内閣府「国民生活選好度調査」（2000年，2007年）の結果であり，回答者は以下の通りである。「近所の人と行き来しているかどうか」については，2000年は全国の20歳以上70歳未満の男女，2007年は全国の20歳以上80歳未満の男女である。「生活面で協力し合う人」については，2007年で全国の15歳以上80歳未満の男女である。

【引用参考文献】

奥山順子・山名裕子，2006，「求められる保育者の専門性と大学における保育者養成─保育志望学生の意識と養成教育の役割─」『秋田大学教育文化学部教育実践研究紀要』第28号．

北岡幸子，2009，「保育専門職の資質・専門性向上と資格・養成・研修問題」伊藤良高・中谷彪・北野幸子，2009，『教育の幼児フロンティア』晃洋書房．

ショーン，D.A., 2001，『専門家の知恵─反省的実践家は行為しながら考える─』（佐藤学・秋田喜代美訳）ゆみる出版（原著，1983）．

高木勲，2009，「保育者としての学び」『発達』No.118，ミネルヴァ書房．

内閣府，2007，『平成19年版　国民生活白書』．

内閣府，2010，『平成22年版　子ども・子育て白書』．

中山智哉，2009，「感情理解から生まれる保育者同士の育ち合い・支え合い」『発達』No.118，ミネルヴァ書房．

野沢慎司編・監訳，2006，『リーディングス ネットワーク論─家族・コミュニティ・

社会関係資本―』勁草書房.
ベネッセ次世代研究所，2010，『第4回幼児の生活アンケート速報版』.
松田茂樹・汐見和恵・品田知美・末盛慶，2010，『揺らぐ子育て基盤―少子社会の現
　状と困難―』勁草書房.
文部科学省，2002，「幼稚園教員の資質向上について―自ら学ぶ幼稚園教員のために
　―」(幼稚園教員の資質向上に関する調査研究協力者会議報告書).

第12章 海外における幼児教育

鈴木 正敏

1 諸外国におけるさまざまな取り組み

　日本で教育を受ける子どもたちと，海外で教育を受ける子どもたちには，どのような育ちの違いが見られるのだろうか。もし，自分の子どもが何らかの理由で他の国や地域で幼少期を過ごさなくてはならなくなった時に，いったいどのようなことが予測されるであろうか。目の前にいる子どもたちが，どこか別の園で幼児教育を受けた場合，異なった側面を伸ばされて全く違った人生を歩むかもしれない，というのは容易に想像できる。その社会のもつ特徴やコンテクスト，生活文化や子育て世代の保護者の考え方，経済状況や政策など，さまざまな要因がからみあって，子どもの生活や育ちに影響しているのである。

(1) 幼児教育の普遍性と特殊性

　ピアジェをはじめとする生物学的発達観にもとづいた子どものとらえ方は，一人ひとりが同じような道筋をたどって育っていくことを主張している。ということは，どのような国や文化においても，またどのような時代においても，子どもは同じような育ちをすると想像される。一方で，ヴィゴツキー的な見方を支持するならば，子どもたちは歴史や社会・文化のなかで発達をするととらえられ，生まれ育った時代や場所によって異なった育ちをすると考えられる。しかし，この普遍性と特殊性についての議論を突き詰めていくことは，おそらく生産的ではない。教育を議論するなかでは，個と集団，基礎基本と応用，児

童中心主義と教科中心主義など，さまざまな二項対立的構図はあるものの，そのどちらも人間の活動の諸側面であって，どちらか一方のみが成立することはあり得ない。先の生物学的発達観と，社会文化的発達観の双方の主張を考えていくと，子どもの育ちのなかで普遍的なものと，別々の社会や個々のケースによって異なる特殊な面に分けて考える必要が出てくるのではないかと想像される。

　幼児教育の世界においても，こうした単純なカテゴリー化への誘惑がある。いろいろな国の幼児教育施設を訪問すると，そこには自分たちと同じ匂いがする雰囲気と，明らかに異なっている部分が混在する。訪問者にとっては，その異なった部分が目に飛び込んでくるために，自分の文化とは「違った」感じがするものである。しかしそれは同じ日本のなかで隣の園を訪問しても，同じことがいえる。国や社会における共通性と，それぞれの園や学校の個別性とが存在することを十分に把握したうえで，海外の幼児教育については語る必要がある。

　たとえば，アメリカ合衆国やドイツ連邦共和国などの国々においては，各州が教育に関する権限をもっており，連邦政府が教育政策に関与することは最低限に抑えられている。それゆえ，「アメリカの」「ドイツの」という言及の仕方には注意しなくてはならない。アメリカなどは，隣の町に行くと学年制が異なっていたりする。小学校は5歳児（キンダーガーテン）から5年生まで，中学校は6〜8年生，高校は9〜12年生までといった学年割りが一般的ではあるが，5歳児から2年生までと3〜5年生までが分かれていたり，5年生を含めて4年制の中学校にしていたりといったことがある。そのなかでの幼児教育の位置づけは，また異なった意味合いをもつのである。こうした文脈のなかで，その国で共通していることと，園や地域によって独自性をもっているものとに分けて議論する必要がある。

　国によっては，特色のある教育を行っているところもある。ドイツといえばシュタイナー教育発祥の地として有名である。しかし，ドイツ全体がシュタイナーの考え方で教育を進めているわけではない。むしろ，ヴァルドルフ自由学校の流れを汲むものは少数派といえよう。シュタイナー教育は神智学を基礎と

しており，その考え方にはルドルフ・シュタイナー（Steiner, R.）の信じていたスピリチュアルな側面が強調されている。いわば宗教的な基盤の上に成り立っている教育であり，公教育として全体に広がっているものとは一線を画している。

後にも述べるが，イタリアにはレッジョ・エミリアの実践がある。世界的にも注目を浴びている実践であるが，これもイタリア北部の中規模都市で行われているもので，他の地域でも行われているものではない。

このような普遍性と特殊性の存在を踏まえたうえで，いくつかの国における幼児教育について検討していく。

(2) 幼児教育の質の向上とその方向性

世界において，幼児教育は普及段階にある国々と充実段階にある国々とに分けて考えることが必要である。普及が課題となっているのは，サハラ以南のアフリカ諸国や，一部のアラブ諸国においてである。また，それらの国々においては，最も貧しい階層の子どもたちの支援が必要であるのだが，その子どもたちに幼児教育が行き届いていないのが現状である（UNESCO, 2007）。また，その他の国々においても，OMEP（世界幼児教育機構）やユネスコなどによる啓蒙活動が行われており，これまでより一層の教育環境の普及が望まれている。

一方，日本はヨーロッパやアメリカ，アジア（中国の都市部・韓国・台湾・シンガポール等）とともに充実段階にある。これらの国々では，幼児教育の質の向上が求められており，教育研究とともにどのような教育政策を行うかが各国の課題となっている。その充実策にもとづいた幼児教育の方針は，大きく3つに分けることができる。ひとつは，アメリカなどに見られるような，子どものアカデミック・スキルを向上させる準備教育としての就学前教育である。2つめは，イギリスやアイルランドなどで行われているような，幼児教育施設を保護者も含めた社会変革の手段ととらえるものである。そして3つめは，イタリアのレッジョ・エミリアやニュージーランドなどでめざされているような，プロジェクト的な探求を中心とした教育である。しかし，これらの型も，それぞれの国でひとつの方針のみが採られているものではないことは認識しておきたい。

ひとつめの就学前教育のとらえ方では，教育は個人のスキルを充実させることを目的としている。自由主義の文脈においては，個人が教育を受ける条件をできるだけ揃えておくこと，もしもその個人がハンディを背負っているならば，それを乗り越えられるような環境を整えておくことが重要であると考えられている。アメリカ型の自由主義社会においては，個人の社会参加によって市民生活が成り立っているのであり，それがさまざまな形で教育のあり方にも影響している。個人の能力を最大限に伸ばすための教育が最大の善であり，それを決定するのに投票による意思決定がなされている。その際に使われる評価というのは，テストの結果や経済的効果といった，誰の目にも明らかな指標が用いられ，教育の内容や方法もそれに従ったものになりがちである。

　一方，イギリスのシュア・スタートなどで行われているものは，親教育や，就労支援を通して，保護者そのものに力がつくようにすることで，子どもを取り巻く全体の環境を良くしようとするものである。しかし，根本にあるのは個人としての技能を高めることが中心となっている。

　プロジェクト型の保育を行っているところでは，上記の二者と異なり，学びの共同体としてのコミュニティ作りをめざしている。そこでは市民として，お互いが協力し合いながら学びを進めるといった姿勢が見られる。子どもたちの活動は，結果よりもプロセスが重視され，総合的な評価が行われている。

　世界の幼児教育の全体を見通した際に，以上のような視点をもちながら，以下では個々の国や地域で行われている実践に目を向けてみたい。

2　アメリカ型の保育現場

(1) アメリカのキンダーガーテンの一日

　アメリカ合衆国では，キンダーガーテン（幼稚園）は小学校に併設された一学級として存在する。他には，日本の私立幼稚園にあたる，主に3・4歳児を対象としたナーサリー・スクールや，私立保育所にあたるデイ・ケア・センターなどがある。キンダーガーテンは公立学校のなかに位置づけられているので，無償であることが多いが，その他には公的保育といったものはなく，ナーサリ

ー・スクールやデイ・ケア・センター等の運営費は保護者の費用で賄われるため，高額な保育料が必要となる。したがって，私立の施設での教育や保育の内容は質にばらつきがあると考えてよいだろう。ここでは，一般的な公立のキンダーガーテンの一日について見てみることにする。

　朝，8時半ごろになるとスクールバスから子どもたちが降りてくる。早く登園する子どもたちは，もっと以前に小学生と同じ便で学校に到着し，朝食プログラムに参加して栄養補給をしている。そうして2つのグループが合流すると，9時前から活動が始まる。まず先生の前に集まって，挨拶をし，カレンダーで日付を確認し，曜日や天気などについて話し合う。月曜の朝にはアメリカ国旗に向かって胸に手を当て，国家に忠誠を誓う言葉を復唱する。この一連のルーチンが終わると，日によって組まれたスケジュールに従って活動が進んでいく。朝の大部分は日本でいう国語にあたる英語の言語活動と，算数などの活動が主である。時間割は30分から1時間程度の時間を区切って組まれており，10時半くらいになると，休憩時間として子どもたちは15分ほどの外遊びを許される。園によっては芝生のあるところもあるが，都会では主にコンクリートのはられた園庭で，ブランコや三輪車，固定遊具などで遊ぶ。

　休憩時間が済むと，また活動に戻る。コーナー（英語や算数，科学，積み木，ままごとなど）での活動をしたり，教師主導で活動を行ったりする。11時半くらいになると，ランチルームで昼食をとる。給食を購入して食べる子もいれば，家からランチボックスをもってきて食べる子もいる。給食は温かいおかずにパン，ミルク，果物などで，家から持参するものはサンドイッチにポテトチップス，ジュース等が一般的である。ランチルームでは小学生と一緒で，監督役の先生が全体を見守っているなかで食事をする。

　部屋に帰ってくると，午後は音楽や体育，ゲームを中心とした活動や，お話の読み聞かせなどが待っている。一通りの活動が終わると，最後に片付けをして先生のお話を聞き，降園時間となる。

　まず，壁面に飾られているものがカラフルであることに目を奪われる。そのほとんどが教材会社による既製品であるが，絵入りのアルファベットや数字が並んでいたり，その折々の主題に合わせたイラストや写真などが所狭しと貼ら

れたりしている。保育室は前述したようなコーナー活動のために区切られ、ままごと、積み木、ライティング（文字を書く）、製作などを行うコーナーや科学的なことを取り扱うコーナーなどがあり、それぞれのコーナーごとに人数制限があったりする。

(2) 比較文化の視点から見たアメリカの現場

　日本の園との大きな違いは、教室のノイズレベルである。これは地域にもよるが、室内で活動している限りは、子どもたちの話し声は静かで、教師が話をしている間に発言をかぶせてくるような子は少ない。子どもたちは指示に淡々と従い、あるいは黙々と個別の活動に従事している。それでも、部屋のなかを自由に立ち歩いたり、話を聞くときに床にころがっていたりする姿を見かけることもあり、日本人から見るとしつけがなっていないのではと感じられる部分もあるが、それはその教室のルールにのっとっていて、きちんとした規律のなかでなされていることの方が多い。きまりやルールは、教師側がはっきりと子どもたちに伝えていて、それに従うことが求められている。「アメリカは自由が保障されている」というようにいわれるが、最低限のルールが厳然としてあり、必ず守られなければならないが、そこから先の自由が認められているのである。たとえば話を聞く、ということに関して「静かに聞く」ということが守られていれば、姿勢がどのようであってもよいので、床にころがっているという状況が生まれる。逆に日本では、同一化の圧力が強いものの、アメリカに比べるとルールがゆるやかになっていることが多い。それは、たとえばしばらくの間は関係ないおしゃべりをしていても良いが、みんなが静かにしたらお口を閉じましょう、といった指示になる。

　教師と子どもの関係性は、指示をする教師とそれに従い、活動を進める子どもの一対一が基本にある。それに対して、日本の教育現場では、特に幼児教育において顕著にあるのは、子ども同士の関係性を踏まえたうえに教師との関係性が存在している点が異なっている。このことは、たとえば宗教における神と人間との関係性にも例えられるだろう。一神教においては、信仰は唯一絶対神と自分との契約関係といえる。一方、多神教においては、さまざまな神仏等と

周りの人々のなかに自分が存在し，横や縦のつながりのなかで習慣として信仰が成り立っていく。ルールや権威の絶対性という意味からすると，日本においては決まり事そのものが関係性のなかで流動的に認識されるのに対し，アメリカではルールは絶対のものとしてある。

　日本と比べると，アメリカでの遊びは自由な時間が圧倒的に少ない。自分たちで「選ぶ」活動は多いが，それは限られた選択肢のなかで好きなものを選んでいるという状態である。前述したようなコーナーで活動する時は，子どもたちに選択の自由があるが，それ以外のことをすることはない。日本の公立幼稚園や多くの私立幼稚園でとられているような，子どもが遊びを見つけていくたっぷりとした時間は保障されていない。そのうえ，子どもたちはブロックで鉄砲を作るといったことが禁止されていることがままある。アメリカは銃社会といわれるが，教室内で「バンバン！」とすることは許されないのである。

　けんかをすることも，アメリカの現場では認められていない。少しでも手が出た場合，教師や保育者に止められる。二者の間で軋轢が起こった場合，すぐに教師が仲裁に入り，どのような言葉で和解するかが示される。アメリカでよく行われるソシアル・スキル・トレーニングという手法があるが，そうした社会的場面でどのように人に接するかを訓練するものであり，学校等でプログラムとして積極的に取り入れられている。教師の仲裁はその手法に近く，どういった場面ではどのような言動が好ましいかを子どもに直接的に伝えることが多い。州によって異なるが，法律によって子どもは常に教師によって監視されうる状態になっていなくてはならないと定められていて，園庭で遊んでいるときや，カフェで昼食をとっているときなども，必ず子どもたちは大人の目の届く範囲で行動している。そこで問題が起こった際には，教師が必ず不適切な行動を止めに入るのである。

　こうしてみると，アメリカの子どもたちは窮屈な環境にいるかと思われるが，日本の子どもたちとの違いは，教室内で発言に積極的なことであろう。発言をすること，議論に参加することは重要なことであり，恥ずかしがって何も言えない，といったことは好ましいことではないとされる。教師の権威やルールは絶対であるが，そのルールに則ってさえいれば，子どもたちは自信をもって意

見を言うことができる。その時は，子どもとはいえ，大人と対等な立場で発言をする。20数年ほど前であるが，筆者があるデイ・ケア・センターで子どもたちがサンタさんを園に迎えて話をしていた時である。当時はまだ宗教的であるという理由でそうした行事が姿を消す前であったので，サンタさんが子どもたち一人ひとりに欲しいものを聞いている場面を見ることができた。そこである5歳児が，「サンタさんと自分は対等な関係なのだから，プレゼントを欲しいなんて言わないよ」と告げた。物怖じもせずにそう言ってのける幼児に，日本の子どもとの大きな違いを感じたものである。ルールや権威の絶対性と，子どもと大人との対等性という，われわれから見ると矛盾するような関係は，アメリカの市民社会のなかで意味付けられるものであるのではないだろうか。

(3) 幼児教育の効果と説明責任

　先に述べたように，アメリカ合衆国においては，教育は州に権限があり，教育施策については，州ならびに市レベルの教育委員会が責任をもっている。教育の内容や方法に関する方針の決定，学校園の建設・維持，予算の執行など，ほとんどの部分で地方の裁量に任されている。この教育に関する予算は，それぞれの地方の固定資産税によって賄われており，住民が教育に関して大きな決定権をもっている。そしてそれが教育に格差を生む原因ともなっている。たとえば，ある市で人口の流入によって学齢期の子どもが増え，学校を新たに作ったり，あるいは増築したりといったことを計画したとする。この場合，市はその計画を公表して住民投票を行う必要がある。もし投票によって住民が計画案を認めなかった場合，子どもたちはぎゅうぎゅう詰めの場所で学習することになる。教育に熱心な地域は，おそらくそうした提案が通りやすい環境にあるであろうし，貧困地域では固定資産税の税収そのものが低く，州政府からの補助を得られたとしても，ぜいたくな内容で教育を行うことができない。また，次世代育成に関心の低い高齢者が多かったり，子育て世代がいても所得の低い世帯が大半であったりする場合，子どものために税金を投入するという決定がなかなか通らないということも考えられる。

　このように，教育についての政策決定が地方によってなされるために，子ど

もたちが学ぶ環境は地域によってかなり異なってくるが、徹底した地方分権と、住民による意思決定がすべてを左右するという状況においては、教育を施す側の説明責任（アカウンタビリティ）が最重要課題となってくる。教師が尊敬の対象であり、教育はお上が施すものといった近年までの日本のような感覚とは異なり、アメリカでは市民が税金を教育に投資している形になっている。先に述べたような投票や、教育委員の選出といった行動で住民の意思が教育政策に反映されるシステムになっているのであるが、その際の判断基準として、教育の成果が示されなければならないのである。

たとえば、セサミ・ストリートなどの教育番組を生み出したヘッド・スタート計画は、経済的に恵まれない子どもたちを対象とした連邦政府出資の就学前教育プログラムであるが、その予算を継続して獲得するために用いられたのが、幼児教育に1ドル投資することで、将来的に5ドル節約できるという主張である。実は、幼児期に読み書き計算などの教育を受けても、直接的な効果はごく限られており、成績としてはほぼ数年で、教育を受けていなかった他の子どもたちと同じレベルになってしまう。しかし、良質の幼児教育を受けた子どもたちは、大人になった時に犯罪にかかわる率が低く、それに伴って牢獄に収監する費用が不要となる代わりに就業して生産的な活動に従事するようになる。こうした議論は、5歳児まで公教育で担われてきた幼児教育を、4歳児まで拡大するための根拠となっている（Barnett, 2006）。

これまで4歳以下の公的な教育が行われてこなかったアメリカであるが、客観的なデータにもとづいた議論が重ねられてきたために、幼児教育の重要性そのものについては社会的同意が得られるようになってきているといえる。しかし、その内容がどのようなものであるべきかについては、意見の一致を見ていないのが現状なのである。

(4) アカデミックなカリキュラムと発達的にふさわしい実践

伝統的に、アメリカの教育は行動主義の心理学の影響を色濃く受けている。そのため、子どもの行動を報酬によってコントロールしようとしたり、習得すべき内容が細分化されていたり、あるいはプログラム学習のような手法が採ら

れたりしてきた。こうした伝統を背景にもちながら，1970年代から幼児教育の拡大時期が訪れる。幼児教育施設が増えるなかで，遊びを中心としたアプローチから，プログラム的なものが増加していったのである。その流れに対して，全米乳幼児教育協会（National Association for the Education of Young Children: NAEYC）が，1986年に「乳幼児の発達にふさわしい教育実践」という基本見解を出すに至った。その内容は，誕生から8歳くらいまでにかけて，子どもの認知的・情緒的・社会的・身体的な側面を理解しながら，学ぶための高い動機付けを与えて教育を施していく，というものである（ブレデキャンプら，2000）。この基本見解は，2000年代に至るまで，アメリカの幼児教育に大きな影響を与えてきた。その間，見解の内容が多文化的視点に欠けるといった批判や，ふさわしい実践として実例をあげたために，画一的になるのではないかといった批判を取り入れながら，子どもの側に立って幼児教育の充実に重要な役割を果たしたのである。こうしたリベラルな教育への動きは，経済の充実期であった1970年代にその基本が醸成され，1980年代に結実したといえる。しかし，1980年代の後半からは，アメリカ経済の下降期に入り，教育に関する時代的雰囲気も，統一カリキュラムを模索したり成果主義が取り入れられたりといった方向へ進んでいく。

　2000年代のアメリカで教育に多大な影響を及ぼした政策として，ブッシュ大統領が署名した「落ちこぼれを作らないための初等中等教育法」（No Child Left Behind Act of 2001，2002年1月8日成立）があげられる。これは，3年生から8年生までのすべての子どもたちに対して統一学力試験を行うもので，その後日本で行われるようになった全国学力テストと同じ趣旨である。この政策は，長年にわたって日本や他のアジア諸国などと比べ，学業成績の不振が目立ったことから，起死回生策としてブッシュ政権がとったものである。学力といっても，OECD（経済協力開発機構）が国際的に行っているPISAのテストなどが採用しているような理解力や応用力をみるものではなく，単純な読み書き計算を測るものである。その結果，NAEYCの「発達にふさわしい教育実践」で提唱されているリベラルな部分が抑制され，アカデミック中心の実践が再びとられるようになった。この法律のもとでは，学力テストの成績がふるわなかった場

合，学校や教育委員会は援助ではなくペナルティを受けることになり，現場は目の前の子どもの目先の成績を上げるのに躍起になってしまうのである。そのため，幼児教育の分野でも，NAEYCによって発達に応じた形での実践が推奨されたところから，小学校以上の教育を見据えて読み書きや計算などのいわゆる基礎基本が重視されるようになったのである。

　かつてロバート・フルガム（Fulghum, R.）が『人生に必要な知恵は すべて幼稚園の砂場で学んだ』（1988年，邦訳1996年）という本を著して人気を博したが，そこに書かれているような牧歌的な幼稚園は，おそらく探すことが難しいであろう。アメリカにおける幼児教育は，社会や経済の状況によって，その内容や方法が振り子のように大きく揺れ動いている。少なくとも現段階では，個人のスキルを最大限に伸ばすという命題のもとで，何が望ましいアプローチであるかを模索し続けている。それは，アメリカの国全体として動いている部分もあるが，これまで述べてきたように地方によって異なるものである。そこには，市民そのものがまた大きな力をもっていることも考えなくてはならない。

(5) 障がい児のとらえ方

　アメリカの教育について見ていく際に，他に特筆すべきは，障がい児に対する政策であろう。1975年にPL（公法）94-142，「全障がい児教育法」（Education for All Handicapped Children Act）が施行されて以来，アメリカの学校では障がい児に対する手厚い支援がなされてきた。この法律によって，アメリカの障がいをもつすべての子どもたちに対して，最も制約の少ない環境で教育することが求められるようになった。その方策の一部として，「個別教育プログラム（Individualized education program ＝ IEP）」を作成し，子ども一人ひとりに対して適切な教育を行うことがなされるようになった。

　こうした動きは，アメリカの連邦政府として，教育の分野に介入する大きな転換点となった。アメリカでは，障がいをもった子どもたちと，学習に困難をきたしている子どもたち（Chapter Ⅰ政策），そして貧困層の子どもたちに対する支援（ヘッドスタート等の政策）についてのみ，連邦政府の予算が直接おりてくる仕組みがあり，教育が地方に任されているなかでは特別な扱いである。

学校においては，障がいをもった子どもたちに対しては，学校心理士，ガイダンスカウンセラー，作業療法士，言語療法士等の手厚い配置がなされている。また，早期教育の充実を図るという点で，公立学校では健常の子どもたちに先駆けて公教育としての幼児教育プログラムが設置されてきた。障がいの有無にかかわらず，平等に教育を受ける機会を保障するという観点から，メインストリーミングという形で，普通学級に障がい児童を受け入れることも，早くから行われている。そういった恵まれていると思われる環境のなかで，さらなる条件の整備に向けて市民レベルで取り組んでいる事例をあげてみる。

(6) Together We Grow の実践

　Together We Grow は，カリフォルニア州サンディエゴ市にある私立保育所で，医療ケアが必要な子どもたちと健常の子どもたちを半々に受け入れている。ここでは，医療ケアが必要な子どもたちのためにあらゆる設備があり，保育士と看護士がともに保育にあたっている。ケアが必要な子もそうでない子も，変わりなく生活を楽しみ，学べるようになっている。車いすに座っていたり，ヘッドギアなどをしたりしていると，ケアが必要な子であるとわかるが，一見しただけでは見分けられない子たちが混じって普通の生活を送っている。園庭で活動していても，車いすの子が先生に押されて一緒にダッシュしてゲームに興じている。週末などには，子どもたちが親元を離れて宿泊し保育を受けることができるようになっている。

　これだけ手厚くされながら，保護者の負担は一定の額に統一されている。というのは，この施設を作るために，園長先生が自分で法律を書き，州や連邦からの補助金を得られるシステムを作り上げたのである。通常なら，健常の子どもたちは週に1～2万円の費用がかかるのに対して，医療ケアの必要な子には1時間3千円くらいの費用がかかるという。その差を埋めるためにどうしても公的な援助が必要となってくるのだが，公立ではない保育施設に対して補助が無いのが普通であるアメリカにおいては異例のことである。その法的支援を，一市民としての園長先生が構想し，立法にまでこぎ着けることができるのは，アメリカ社会ならではといえよう。

③ イギリスにおけるシュア・スタート・プログラム

(1) イギリスにおける幼児教育の流れ

　イギリスの幼児教育政策は，さまざまな形で世界や日本の幼児教育に影響を及ぼしてきた。イギリスのインフォーマル教育は，1967年に出版された「プラウデン報告書（Plowden Report）」によって，世界の関心を集めることになった。この報告書によって，幼年期の子どもたちの教育が総合的な活動を通して行われるべきであると提言された。1970年代になって日本で議論がなされた幼年学校構想は，イギリスのインファント・スクールをもとにしており，5歳から7歳まで（5歳児から2年生にあたる）の教育を総合的なカリキュラムによって行うことを構想したものである。逆に，この日本における幼年学校構想は，それまで幼児教育の範疇であった5歳児を小学校以上の枠組みに組み入れることによって，学力の充実を図ろうというような論にも使われている。しかし，実際のインファント・スクールでは，さまざまな形の総合学習が行われており，後に日本の生活科の導入の参考となっているのである。

　こうした児童中心主義教育の伝統が覆されるのが，1990年代に入ってからのことである。サッチャー政権によって，イギリスでは1988年にナショナルカリキュラムの導入が決定され，5歳から15歳までの義務教育の内容が国によって定められるようになった。それに伴って，子どもたちの学力を一斉に検査する学力テストが導入された。具体的には，5歳から11歳までの小学校を2段階，12歳から15歳までの中学校を2段階のキーステージに分け，それぞれのキーステージで学ぶべき教科と内容が決められたのである。アメリカとともに国際学力テストでの成績不振が取り沙汰されていたこの時期のイギリスにおいて，日本型の中央集権的な教育内容の統制と，テストによる学力水準の保障が最大の課題となってきており，それが新自由主義の流れのなかで形になったのがこの改革である。サッチャー保守党政権時代に端を発するこの政策は，後のブレア労働党政権にも継承されていく。

(2) ブレア政権下の幼児教育とシュア・スタート

　自身の政策の中心を「教育，教育，教育」と演説のなかで強調したブレア政権は，このナショナルカリキュラムを継続し，さらに就学前教育へとその力点を広げていく。1998年には，すべての4歳児に対して無償の幼児教育（半日）が提供されるようになり，その後3歳児へと無償教育は拡大されている。そのうえで，ナショナルカリキュラムのキーステージに3歳児から5歳児までの基礎ステージ（Foundation Stage）を設け，到達目標（Early Learning Goals）を掲げるようになった。このような動きのなかで，これまでのインファント・スクールで行われてきたような総合的な活動を通した教育が影を潜め，次第に直接教授を中心として基礎学力をつけさせるようなアプローチへと教育方法そのものが変化していく。

　同時に，それまでは幼児教育を教育雇用省（Department for Education and Employment）が担当し，保育については保健省（Department of Health）が担っていたものを，教育雇用省に管轄を統一し，シュア・スタート（Sure Start）プログラムが発足する。シュア・スタートの主な目的は，幼児教育施設の充実を通して，子どもたちの学習環境を改善し，良好な状態で学ぶことができるよう保障することである。さらに特徴的なのは，これらの幼児教育施設が，同時に保護者のスキルを獲得するための役割を負っていることである。たとえば，子育てや子どもの教育に関する知識などを伝えたり，就職のための職業訓練や就職先斡旋などをしたりする。つまり，子どもの学習環境の改善のためには，保護者の収入を確保することが不可欠と考えているのである。シュア・スタートの一環で設立されたセンターは，ナショナルカリキュラムに従った質の高い保育を提供するとともに適切な監査を受け，子育て支援政策の一翼を担う。

　こうした家庭支援を含めた幼児教育施設のあり方は，地域を巻き込んで幼児教育の質を高めるという点で，注目に値する。アメリカや日本でも，幼児教育施設が子育て支援の機能をもつように政策が進められているが，就労支援によってまず家庭の安定を図るところから出発している点で，特徴的であるといえる。子どもを取り巻く環境そのものを改善することをめざしている事例として，他の国でも参考になる取り組みである。

④ プロジェクト型の保育現場

　OECDが発表した幼児教育の先進的なカリキュラムのなかに，レッジョ・エミリアの実践がある（OECD, 2004）。レッジョ・エミリアはイタリア北部の中級都市で，市独自で幼児教育の充実に取り組んでいる。その特徴は，芸術と探求を中心とした活動で，子どもたちの主体性を最大限に発揮させていることである。保育者も，芸術を担当するアトリエリスタと教育を担当するペダゴジスタがおり，両者が協同して子どもたちと話し合いながら進めていく。そのうえで，活動の経緯をドキュメンテーションとしてつぶさに記録し，保護者や地域とともに共有しているのである。子どもたちの作品は，世界各地で展示され，その内容の深さに大きな反響をよんでいるものである。日本でも，2001年にワタリウム美術館で「子どもたちの100の言葉展」が開催され，彼らの取り組みが紹介された。日本においても，レッジョ・エミリアの実践に学ぼうという動きが出てきているのである。

　ひとつの事例として，「小鳥の遊園地」の実践を見てみよう。ある日，子どもたちが園に住み着いている小鳥たちに，水飲み場となる池を作ろうとする。のどが渇いているなら，おなかもすいているのでは？と話がどんどん広がりをもち，小鳥たちが乗って遊ぶブランコや，お年寄りの小鳥のためのエレベーターなどが絵に描かれながら計画されていく。公園に出かけた時に見かけた噴水もそれに加わった。どうやったら噴水を作ることができるかについて，構造がどうなっているかなどを議論しながら子どもたちは水車にも興味をもち始める。部屋のなかでは，ゴムホースや樋（とい）などを使って水車や噴水の実験が行われ，あちこちで子どもたちが絵や粘土で計画を進めている。自転車の車輪を使って水車噴水を作り，遊園地の観覧車に仕上げた子も出てきた。最終的に，子どもたちが作った小鳥の遊園地を披露するのに，保護者や市の要職にある人々などを招待して，オープニングセレモニーが行われた。長期間にわたって取り組んできたことが，地域の人々にも公開されるまでになったのである。

　この他にも，さまざまなテーマをもとに活動が行われている。それらに共通

するのは，子どもたちの探求する心がもととなり，芸術表現を伴って考えることが中心になっていることである。ローリス・マラグッツィ（Malaguzzi, L.）の哲学を基礎にしたレッジョ・エミリアの実践は，子どもたちの可能性をいかに表現として引き出すかを最も重要なことであるととらえている。象徴的な記録として，次のようなものがある。10ヵ月のルチアちゃんという女児が時計のカタログに目を向けている。そのうち，一緒に寄り添って一緒に見ている保育者がはめているアナログの腕時計に関心が向き，それを触った。そこで，保育者は彼女の耳に時計を押し当て，「カチコチ」という音を聞かせてみた。すると，ルチアちゃんはカタログの時計に耳を当て，音がするかどうか確かめたのである。このように，子どもたちは幼くしてものごとの理解ができており，仮説を立てたり，探求したりといったことができる。ただ，大人のように言葉などによる表現が難しいのであり，それをさまざまな言葉，すなわち絵などの造形，音や身体などを通して表明できるよう援助することが大切だと考えているのである。

　レッジョ・エミリアの実践は，世界的な注目を浴び，各国の実践に影響を与えている。たとえば，アメリカ・アリゾナ州ツーソン市の幼稚園では，公立の4歳児プログラムに取り入れている。子どもたちの約半数がスペイン語を母語としており，経済的に恵まれない家庭が多いなかで，芸術と探求を中心とした実践を行っている。学校のなかに4歳児用のアトリエを作り，子どもたちが自由に表現活動に従事できるようにするとともに，子どもたちがひとつのことに探求的にかかわることのできるような環境が整えられている。保護者には，子どもたちの活動の経緯を，英語とスペイン語で書かれた写真入りファイルで伝えるようにしていた。そのプログラムを推進している先生は，子どもたちが恵まれない環境にあるからこそ，本物に触れて表現できるようにしてやりたい，と思いを述べていた。

　また，台湾の台北市立南海実験幼稚園では，1年のうちの半分をプロジェクト中心の活動にあてている。野菜を育てながら，害中対策について調べたり実行したりしたクラスや，ベルギーワッフルの焼き方について調べて実際に焼いてみて，その様子を絵本にまとめたクラスなど，それぞれユニークな実践を行

っている。各クラスが行ったプロジェクトについては，計画をまとめ，活動記録を1日単位でとりながら，「語文」「社会」「工芸」「創意」「科学探求」の五領域と，「その他」の六点について，その活動がどの領域をカバーしたかをチェックし，最終的な報告書にまとめている。そうした実践記録が毎年積み重ねられ，継続的な取り組みとなっているのである。

ニュージーランドでは，テ・ファリキといわれるカリキュラムをもとに，子どもたちを有能な学び手としてとらえ，彼らのプロジェクト的な活動を「学びのストーリー（learning story）」としてまとめて評価を行うことをしている。子どもたちがどのようにひとつの絵を完成させ，発展させていき，それを活動に結びつけたのかを記録したり，自分たちでジュース・スタンドを計画して作り，レモネードを売った収益金でものを購入したりといった活動の記録を，ひとつの流れとして保護者と共有している。そのような実践が，国全体として取り組まれ，成果を上げている。

ここであげた実践は，個人のスキルのみに着目したものではなく，子どもたちそれぞれが興味を活かしながら学びの共同体の一員として活動に従事し，それが形となって保護者や地域と共有されているものである。その成果は，客観的にテスト等で測られるものではないが，幼児教育のひとつの可能性として示唆するものが大きいといえよう。

5 海外の研究者からみた日本の幼児教育

これまであげてきたさまざまな国々における実践を，「こちら側」から見ていると，幼児教育の多様なあり方について考えさせられてしまう。また，そういった比較文化的視点から，逆に日本の幼児教育について考えてみると面白いことが見えてくる。これまで見てきた3つの事例の，どれに日本は当てはまるのだろうか。われわれが幼児を教育するうえで大切にしていることとは，何だろうか。

たとえば，トビンら（Tobin et al., 1989）が行った日米中の保育の比較研究では，子ども同士のトラブルにはあまり干渉せず，「先生に言わずに，○○君に

自分で言いなさい」といったように，自分たちで解決するように仕向ける日本の保育者の姿をとらえている。その当時の3カ国の比較では，日本の現場が一番大人の干渉が少なく，米中の保育者らから批判を受けているほどである。そして，集団の力によって子どもたちを育てていくためにはある程度の集団サイズがあった方が良いといった考えが特徴的であり，少人数で個別の指導をした方が良いとするアメリカの保育者とは逆の立場であることを見いだしている。

　スーザン・ハロウェイ（Halloway, S. D.）による研究では，日本の幼稚園を関係重視型・役割重視型・子ども重視型の3つに分類し，それに公立・私立・神道系・仏教系・キリスト教系という設立母体を加味して分析を行っている（ハロウェイ，2004）。彼女の分析では，鍛錬や反復練習を中心として漢字や算数・音楽などを教える役割重視型の園（対象26園中の6園）の多くは仏教系（といっても6園中3園）で，日本の伝統的な価値観を継承しているとしている。関係重視型の園（12園，そのうち私立10園・公立2園）は，子どもたちが集団のなかで楽しく過ごし，友達との関係を作れるように努力しているという。一方，子ども重視型（9園，そのうち公立4園・キリスト教系4園）では，強い個人と効果的な集団の形成を狙っているとしている。日本の研究者の立場からすると，実は関係重視型と子ども重視型とされているカテゴリーのなかに千差万別の保育が行われているのであり，そこにこそ議論の中核が存在するのではないかと思われる。ハロウェイが最初に見た園では，トビンや他の研究者たちが見ているような寛容で甘やかすような大人像ではなく，子どもたちを怒鳴ったり叩いたりしている場面に出くわし，それ以来，日本のしつけや教育の厳しい側面に関心を抱いたようである。

　一方で，キャサリン・ルイス（Lewis, C. C.）による研究（土居ら，2005）では，15の園が観察され，その多くの園で5割ほどが自由遊びに費やされていると報告している。そこで，子どもたちが「自分の組のお友達」を集団として認識し，その力で一人ひとりが自分を伸ばしている姿を見ている。一日の終わりに活動を振り返って，遊びのなかで起きた出来事について子どもたちがゆったりと話し合い，少しずつ改善の方向を見いだしていくプロセスを，小学校以上の基礎を培う価値あるものとしてとらえている。現在，彼女は日本の小学校での授業

研究を参考に,アメリカにおける授業改善の方法について模索しているが,算数や理科で子どもたちの考えを引き出しながら結論につなげていく日本のアプローチに着目し,子どもに寄り添った形での教育が功を奏していると分析している。時には発問で揺さぶりをかけながら,子どもたちの思考を導いていくようなやり方が効果的な日本の教育であると結論づけている。またそういったアプローチを可能にする「学級作り」が,日本の特徴でもあるというのである。

海外の研究者が日本の教育をとらえようとする際に,多様な側面から,ともすると矛盾するような結果が出てくる。しかし,これらは日本人が大切にしてきたものを両方見ているのである。ちょうど,アメリカにあったような絶対性と対等性の混在と同じように,われわれのなかに拮抗しつつ共存する何かを見せてくれているのではないだろうか。子どもを厳しく躾ける面と優しく教え諭す面,必要なことを身につけさせることと個性を豊かに伸ばすこと,対立軸にあるようなことを合わせもって行うのが教育なのかもしれない。そのバランスやアプローチ,組み合わせや味付けといったことが,それぞれの国や文化によって異なっているように思われる。己の姿を知るために,他者のありように目を向けることは,これからも重要なことではないだろうか。

考えてみよう

① 本やネットなどに書かれている諸外国の幼児教育や子育てについて,なぜそのような形になっているかを,社会的・文化的背景を考えながら読み解いてみよう。

② 海外で子ども時代を過ごしたり,子育てをしたりしたことのある人に,その体験を聞いてみよう。そこで感じられた日本との違いについて自分の考えをまとめてみよう。

【引用参考文献】

エドワーズ,C.・ガンディーニ,L.・フォアマン G.編,2001,『子どもたちの100の言葉―レッジョ・エミリアの幼児教育―』(佐藤学・森眞理・塚田美紀訳)世織書房(原著,1998).

勝浦クック範子,1991,『日本の子育て アメリカの子育て―子育ての原点をもとめ

て―』サイエンス社．
自治体国際化協会，2009,「Clair Report No. 340（July 6, 2009） イングランドの就学前児童の子育て環境整備」㈶自治体国際化協会 ロンドン事務所．
土居健郎・ルイス，C.・須賀由起子・松田義幸，2005,『甘えと教育と日本文化』PHP エディターズ・グループ．
ハロウェイ，スーザン著，2004,『ヨウチエン―日本の幼児教育，その多様性と変化―』（高橋登・南雅彦・砂上史子訳）北大路書房（原著，2000）.
フルガム，ロバート著，1996,『人生に必要な知恵はすべて幼稚園の砂場で学んだ』（池央耿訳）河出書房新社（原著，1988）.
ブレデキャンプ，S.・コップル，C.編，DAP 研究会，2000,『乳幼児の発達にふさわしい教育実践―21世紀の乳幼児教育プログラムへの挑戦―』（白川蓉子・小田豊・芦田宏・北野幸子・森眞理・門田理世訳）東洋館出版社（原著，1997）.
保育・子育て総合研究機構研究企画委員会，2008,『保育園における「子どもの育ちと学びの分かちあい」への招き』全国市立保育園連盟．
ユネスコ，2008,『EFA グローバルモニタリングレポート 2008 概要』（浜野隆ほか訳）国際協力機構，ユネスコ・アジア文化センター，教育協力 NGO ネットワークの共同出版（原著，2007）.
レッジョ・チルドレン著，2001,『子どもたちの100の言葉―イタリア／レッジョ・エミリア市の幼児教育実践記録―』（田辺敬子・木下龍太郎・辻昌宏訳）学習研究社（原著，1996）.
Barnett, S., 2006, "Benefits and Costs of Quality Early Childhood Education," Presentation to the Speaker's Task Force on 4-year-old Kindergarten, Madison, Wisconsin, July 17.
OECD, 2004, *Five Curriculum Outlines: Starting Strong Curricula and Pedagogies in Early Childhood Education and Care*, OECD.
Tobin, J., Wu, D. & D. Davidson, 1989, *Preschool in Three Cultures*, Yale University Press.

索　引

あ　行

愛染橋保育所　21
愛着関係　36
秋田喜代美　66
預かり保育　4,28,141
遊び　10,43,49,51,62,63,65,66,68,73
　　——の質　58
遊び相手　44
遊びを通して総合的に指導する　72,73
アップル，M.　91
アトリエリスタ　164
育児意識　110,119
育児雑誌　111,116
育児書　111,116
育児ストレス　36
育児戦略　116
育児知識の伝達　111
『育児の百科』　111
育児不安　35
育児メディア　110,117,122
石井十次　21
板排へ　18
一斉授業　62
インファント・スクール　92,162
ヴァルドルフ自由学校　151
失われた育ちの機会　8
氏原銀　17
運動　21
エスノグラフィー　95
落ちこぼれを作らないための初等中等教育法
　（No Child Left Behind Act of 2001：アメリカ）　159
親支援　145
恩物　17,24

か　行

会集　18

画き方　18
書き方　18
核家族化　140
学習　51
学習活動　51
学制　15,125
家族支援　145
数へ方　18
語る力　61
学級づくり　168
学校教育　4,10,72
学校教育体系　84
学校教育法　1,4,27,71,75
学校行事　62
学校段階　75
桂川甫周　15
家庭　3
　　——の教育力　36
紙織り　18
紙剪り　18
紙刺し　18
紙摺み　18
カリキュラム　84,91
　かくれた——　90,91,94
　顕在的な——　91
　　——の潜在的機能　92
簡易幼稚園　15,19
環境の構成　88,89
環境を通して行う教育　71,84
関係構築的専門性　145
観察　21,23
慣例　91
聴き合う力　61
規制（regulation）　91
規則（rules）　91
基礎ステージ　163
城戸幡太郎　26
木の積立て　18

171

規範意識　2,12,32
基本的信頼感　40
基本的な生活習慣　2,12
義務教育　4,75
教育家族　112,122
教育課程　72,85
教育期待　116
教育基本法　4,5
教育刷新委員会　27,127
教育審議会　26
教育令　125
教員職員免許法　128
教員の地位に関する勧告　129,130
教員免除状　127
教員養成　125
教科カリキュラム　84
共感性　32
行儀　20
教師の資質・力量　124
教職　129
　——の専門職化　130,131
　——の専門職性　130
教職論　124,129
共同　37
協同　37,39,62,63,65
教導　25
協同して遊ぶ　37,38
共同する経験　39
協同性　11,12
協同的な活動　74
共同遊嬉　20
教諭　27,128
キンダーガーテン　153
近代家族　113
近隣関係の希薄化　140
倉橋惣三　24
グループ学習　62
クワント，R.C.　54
経験　47
『系統的保育案の実際』　25
公園デビュー　117,118
合計特殊出生率　34

工場付設託児所　21
高等師範学校附属幼稚園　19
行動のコントロール　32
公立託児所　22
国民教育機関　26
国民幼稚園　26
国民幼稚園要綱試案　26
国立学校設置法　128
5歳児保育の義務制　27
個人志向的社会化　122
個人内評価　77
個性重視　94
子育て基盤の揺らぎ　141
子育て支援　1,4,140
子育ての孤立化　35
子育ての混迷　1
子育て力　1,13
個別教育プログラム　160
コミュニケーション　102,107
　——能力　32
5領域　84
コールバーグ，L.　102

さ 行

作業　21
佐藤信淵　14
三条実美　15
慈育館　14,15
ジェンダー　96
　——の価値　107
ジェンダー観　108
ジェンダー形成　94,97,102
ジェンダー・ステレオタイプ　96,97,99,101
　——的な言葉かけ　96
ジェンダー的学び　96
時間割　91
自我　10,11
思考力　11,12
自己活動力　20
自己充実　24,25
自己中心的　32,33

自己発揮	62,63,68
自己抑制	32,62,63,68
自制心	2,32
しつけ	30,108,111,112,117
実践的専門性	144
指定養成機関	132
指導計画	73,85,86,89
短期の――	85
長期の――	85
児童中心主義教育	162
児童福祉法	1,27
自発性	60,62,122
――の尊重	94
自発的生活	24
師範学校	125
師範学校令	126
師範教育令	127
社会事業法	26
社会文化的発達観	151
ジャクソン，P.	91
シュア・スタート	153,163
集会条令	126
就学準備教育	17
就学前教育	24,80,152,153,163
充実指導	25
自由主義教育	22
修身の話	18
集団主義	94
集団統制	97,101
自由保育	85
手技	21
主体的な学び	48
シュタイナー，R.	151,152
シュタイナー教育	151
準専門職	130
小1プロブレム	33,34,71,73
唱歌	18,20,21
小学校学習指導要領	72
小学校教員心得	126
小学校付設の保育科	19
少子化	138,139
職業的教師	124

庶物の話	18
尋常小学校教員	127
随意遊嬉	20
『垂統秘録』	14
スタートカリキュラム	82
捨て子養育施設	15
ステレオタイプ	99
『スポック博士の育児書』	111
生活科	69,72,82
生活環境知	144
生活習慣	21
生活による生活の教育	24
聖職論	129
生物学的発達観	150,151
性別カテゴリー	97,99-102,104
世界幼児教育機構（OMEP）	152
関信三	17
セサミ・ストリート	158
接続期	78,79
――のカリキュラム	78,79,81
絶対評価	77
説明責任	158
説話	20
専業主婦	113
――家庭	140
――世帯	141
全国保育者代表協議会	22
全障がい児教育法（Education for All Handicapped Children Act：アメリカ）	160
全米乳幼児教育協会	159
専門職	129
専門職化	135
専門職性の向上	133
専門職的職業文化	130
専門職的自立性	130
専門職論	124,129,133
専門性	
関係構築的――	146,147
実践的――	146
反省的――	146,147
早期才能開発	27
総合学習	69

総合的に指導する力　132
疎開保育　27
総合的なカリキュラム　162
措置児　27
ソフィスト　124

た 行

体験　47
　　──の言語化　53
大正デモクラシー　22
耐性　2
託児所　21,26
他者受容　65
畳紙　17
田中統治　94
田中不二麿　15
『たまごクラブ』　115
珠繋ぎ　18
タムソン　21
談話　21
地域社会　3
知識科　17
父親の育児参加　118
父親の子育て　121
知的な遊び　58
中央教育審議会　2,27,73
つなぎの組　18
デイ・ケア・センター　153,154,157
低年齢少年の価値観等に関する調査　31
テ・ファリキ　166
寺子屋　125
東京女子師範学校　125
　　──附属幼稚園　15
統制の取れない親　120
到達目標　77
道徳性　11,12,32
Together We Grow　161
ドキュメンテーション　164
都市型コミュニティ　118
トビン，J.　166
共働き世帯　141,142

な 行

名古屋子育て調査　119
ナーサリー・スクール　153,154
ナショナルカリキュラム　162,163
二元化　27,28
日本教育組合啓明会　127
人間関係知　144
認定こども園　5,28,75
縫取り　18
ねらい　88
野口幽香　21

は 行

箸排へ　18
発達知　144
発達の理解　87
発問主義　61
『バルーン』　118
ハロウェイ，S.D.　167
バーンスティン，B.　92
ピアジェ，J.　46,150
東基吉　20
表現力　11,12
『ひよこクラブ』　115,118
美麗科　17
貧民幼稚園　15,21
二葉保育園　22
二葉幼稚園　21,22
『プチタンファン』　117
物品科　17
プラウデン報告書　162
フルガム，R.　160
フレーベル　15
フレーベル会　21
フレーベル会建議案（上）　21
フレーベル主義　17
　　──幼稚園　17
プロジェクト型の保育　153
プロジェクト中心の活動　165
プロジェクト的な活動　166
文を書く力　61

ペアレントクラシー　120-122
ペダゴジスタ　164
ヘッド・スタート計画　158
『ベビーエイジ』　111-113,118
保育課程　5,85
保育課目　17,18
保育環境　96
保育時間　23
保育施設　14,15
保育者の援助　89
保育所保育指針　5,74,84
保育に欠ける幼児　27
保育問題研究会　26
保育を構想する力　143
方向目標　77
『北搓聞略』　15
母子グループ　118
保母　27,127
保姆　17,25,27
保姆免許状　23

ま　行

『マタニティ』　113
松田道雄　111
松野クララ　17
学び　43,62,63,65,66,68,69
　　協同的な――　68
学びのストーリー　166
豆細工　18
マラグッツィ, L.　67,165
見えない教育方法　91,92,94
無藤隆　63
文字指導　80
模倣　21
森有礼　126
森島峰　21

や　行

遊嬉　18,20,21
結城恵　95
遊児廠　14,15

誘導　25
誘導保育論　24,25
養育　30
養育施設　14,15
幼児学校　27,28
幼児教育　30
　　――の無償化　28
幼児教育規定　15
幼児教育施設　30,37,41,163
幼児教育振興アクションプログラム　74
幼児教育振興プログラム　73
幼児理解　132,143
幼稚園　15
幼稚園教育振興計画要項　28
幼稚園教育の基本　73
幼稚園教育要領　5,22,27,72,84
幼稚園教員免許状取得者　132
幼稚園教師　136,137
　　――の専門性　137
『幼稚園雑草』　24
幼稚園創設　15
幼稚園保育及設備規程　20
『幼稚園保育法真諦』　25
幼稚園令　22,23,127
幼稚園令施行規則　23
幼稚小学　15
幼保一体化　1,5,26
幼保小の連携　74
幼保の年齢別一元化　27
読み方　18

ら　行

リーバーマン, M.　129,130
領域　72
理論的専門性　147
ルイス, C.　167
レッジョ・エミリア　66,152
　　――の実践　164
　　――の幼児教育　66
『わたしの赤ちゃん』　112
鐶排へ　18

シリーズ監修

住田正樹・武内　清・永井聖二

第2巻編者

永井　聖二（ながい　せいじ）
1949年　東京都生まれ
筑波大学博士課程教育学研究科退学
筑波大学教育学系助手，群馬大学教育学部教授，群馬県立女子大学文学部教授を経て
現　在　東京成徳大学子ども学部教授
専　攻：教育社会学
【主要著書】
『絆なき者たち』人間の科学社
『開かれた学校と学習の体験化』（編著）教育開発研究所
『《教師》という仕事＝ワーク』（編著）学文社　他

神長美津子（かみなが　みつこ）
1950年　栃木県生まれ
宇都宮大学大学院教育学研究科修了
宇都宮大学教育学部附属幼稚園教諭，文部科学省初等中等教育局幼児教育課教科
　調査官，国立教育政策研究所教育課程研究センター教育課程調査官を経て
現　在　東京成徳大学子ども学部教授
専　攻：幼児教育
【主要著書】
『保育のレベルアップ講座』ひかりのくに
『はじめよう　幼稚園・保育所「小学校との連携」』フレーベル館
『心を育てる幼児教育』（編著）東洋館出版社　他

［子ども社会シリーズ2］
幼児教育の世界

2011年3月20日　第1版第1刷発行

編　者　永井　聖二
　　　　神長美津子

発行者　田中　千津子　〒153-0064　東京都目黒区下目黒3-6-1
　　　　　　　　　　　電話　03（3715）1501 ㈹
発行所　株式会社　学文社　FAX　03（3715）2012
　　　　　　　　　　　http://www.gakubunsha.com

©NAGAI, Seiji & KAMINAGA, Mitsuko 2011　印刷　新灯印刷㈱
乱丁・落丁の場合は本社でお取替えします。
定価は売上カード，カバーに表示。

ISBN 978-4-7620-2018-6